ちくま新書

そのまま仕事で使える英語表現189

キャサリン・A・クラフト
Kathryn A. Craft
里中哲彦＝編訳

1735

そのまま仕事で使える英語表現189
【目次】

下のとおりです。／……を添付しました。／略語

新しいポストはどうだい？／……はいかがですか？／……
はどうでしたか？／……の進捗状況はどうですか？／何を
……したいですか？／よく……するのですか？／……には
慣れていません。／最初のうちは……だけれど〜／めった
に……しません。／……を教えて。／……をご存じでした
か？／納期は2週間後です。／半分終わった。／まだ仕事が
残っている。／予定より遅れてるなあ。／集中！

そのとおりです。／そうだよね。／了解しました。／そうさ
せてもらうね。／……、つまり〜／というか、……／そう
でないといいんだけど。／どうやら、そのようです。／どっ
ちとも言えないな。／どうして？〈1〉／どうして？〈2〉／
まだです。／あと少し。／確かなことはわかりません。／間
違いない？／それはよかったね。／ええっ！／そんなこと
はないと思うけど。／それは残念でしたね。／うらやましい
なあ！／お仕事中すみませんが、……／お忙しいところす
みませんが、……／残念ながら、……／すみません。聞き
取れませんでした。／すみません、おっしゃっていること
がよくわからないのですが。／……をご了承ください。

……を楽しみにしています。／……はいかがですか？／
……するのはいかがですか？／アドバイスがほしい？／A
とBでは、どちらがいいですか？／むしろ……したい。／
できれば……したくない。／……してほしいのですが。／
……するのが待ちきれない。／というのも……だからです。／

そういうわけで……。／どこで……できますか？／そろそろ……の時間だ。／……するのを忘れないで。／……についてどう思う？〈1〉／……についてどう思う？〈2〉／……だと思います。／……ではないと思います。／それこそ私が……のものだ。

さあ、仕事にとりかかろう。／……かどうか見てみよう。／……するのはどうでしょうか？／……してもいい（ですか）？／……することはできますか？／……してよろしいですか？／……することは可能でしょうか？／……しても大丈夫かな？／それ、あとにできる？／……したほうがいいんじゃない。／……してください。／よく考えさせてください。／……できますか？／……してもらえますか？／……してくれませんか？／～していただけませんか？／……していただけるとありがたいのですが。／……を貸してもらえますか？／もし……なことがあったら、～／（もし）差し支えなければ……／お手すきのときに、……

まずは……から始めましょう。／……が最も重要議題だ。／問題は……／要するに……／思いつきで言うのですが、……／前にも話したけど、……／おっしゃることはわかりますが、……／……（するの）は気がすすまないなあ。／リモート会議／接続（状態）／……しづらいのですが。／Aの調子がよくないんだ。／ええと、どこまで話しましたっけ？／……とだけ言わせてほしい。／きみならできる！／うまくいったぞ！

……のことは気にしないで。／大丈夫だよ。／気にするな。／どうってことないよ。／しょうがないさ。／よくやってくれた！／この調子でこれからもがんばって！／がんばって。／彼はすごいね！／……おめでとう！／……ありがとう。／お礼の言葉もありません。／ありがとう。ほんとうに感謝しています。／ありがたく思っています。／とにかくありがとう。／どういたしまして。〈1〉／どういたしまして。〈2〉／お詫びいたします。／ごめん。／うれしい！／ついてる！／ああ、面倒くさい！／もう、がっかりだ。／マジで！

自分の勘を信じろ。／備えあれば憂いなし。／状況がタフになると、タフな人間が道を切り拓く。／失敗することを恐れるよりも、何もしないことを恐れろ。／最善を願い、最悪に備えろ。／既成概念にとらわれるな。／変化しなければ生きていけない。／努力に勝る天才なし。／あきらめたら最後だ。／やる価値のあるものは、上手にやってこそ価値がある。／いいことをしたら、まわりまわってこちらの得になる。／両方いいとこ取りはできない。／ただのランチなんてものはない。／問題解決に力を注がない人は、問題の一部になる。／穏やかな態度で接したほうがうまくいく。／小さく始めよ。／タイミングがすべて。／時は金なり。／できもしない仕事を引き受けるな。

イラスト＝杉本綾子
本文設計＝中村道高（tetome）

＊各表現を覚えたあと、この目次の日本語を見て、英語で言えるか練習
　してみましょう。

はじめに

　書店にずらりと並ぶ英語本の中から、この小さな本を手にとっていただきありがとうございます。

　私はこれまで、子どもからビジネスパーソンまで幅広く英語を教えてきましたが、「日本人英語」を特徴づけるいくつかの問題点があることに気づきました。

　日本人は、英語のしくみ（＝文法のこと）をよく理解しているのに、「話す」と「聞く」に関してはあまり得意ではありません。「読む」と「書く」は上手なのに、「話す」と「聞く」はどうも不得手のようです。

　どうしてでしょうか。端的に言えば、これは「フレーズの音読練習をしていない」ことによります。

・The bottom line is that ...
　（重要なのは……だ）
・Let's see if ...
　（……かどうか見てみよう）
・I'd appreciate it if you would[could] ...
　（……していただけるとありがたいのですが）
・Off the top of my head, ...
　（思いつきで言うのですが、……）

こうした決まり文句が口をついて出てくるような「音読

の反復トレーニング」を十分にしていないのです。

The secret to improving your English is to read sentences you understand out loud again and again.
（英語がうまくなる秘訣は、意味のよくわかる英文をくりかえし音読することです）

　このことをぜひ頭に入れておいてください。
　もうひとつは、「語彙の不足」です。文法的な用意はあっても、語彙がとっさに頭に浮かばない。そんなもどかしい思いをした経験をしたことがありませんか。
　日本人の場合、読んで把握できる理解語彙（passive vocabulary）は多いのに、話して伝えられる表現語彙（active vocabulary）が少ないという欠点があります。
　教養とは語彙です。ほとんどの相づちを「マジ？」と「ヤバ！」ですませている人がものごとを深く理解したり的確に分析することができるでしょうか。語彙が少ないと、いつまでたっても「適切な言語化」というスキルが身につきません。それどころか、先立つ語彙がなければ、コミュニケーションはほとんど成立しないのです。

Without grammar, very little can be conveyed; without vocabulary, nothing can be conveyed.
（文法力がないと、ほとんど伝わらない。語彙がないと、まったく伝わらない）

このことを肝に銘じておいてください。

ビジネス英語における「教養」は、獲得したフレーズの数と仕入れた語彙の数で決定されるといっても過言ではありません。

本書では、このことを念頭において執筆に情熱を傾けました。各ユニットの冒頭には定型フレーズや慣用句を並べ、それを使った例文を 使ってみよう! で示し、語彙力を増やせるように工夫しました。ぜひ、音読をくりかえし、語彙を増強してください。

本書がみなさんの役に立てたならば、これにまさる喜びはありません。The trick is to keep it fun.（コツは楽しくやること）Happy reading!（楽しくお読みください！）And give new phrases a try!（そして、新たに覚えたフレーズをぜひ使ってみてください！）

最後になりますが、翻訳の労をとってくださったばかりか、ほとんどすべての項目に助言を惜しまなかった友人の里中哲彦さんに感謝いたします。

また、本企画の編集をすべて取り仕切ってくださった筑摩書房の河内卓さんと加藤峻さんにもお礼の言葉を述べさせていただきます。

キャサリン・A・クラフト
Kathryn A. Craft

第 1 章

「第一印象」が大切!

001 みなさん、どうぞよろしく。

I'm looking forward to working with you.

　第一印象は大切です。日本人らしい礼儀正しさと親しみやすさをだしてみましょう。

　新しい仕事仲間にあいさつするときのフレーズとして欠かせないのがこのフレーズです。"look forward to ~ing" は「~するのを楽しみにしている」という成句です。文字どおり訳せば、「みなさんと一緒に働くのを楽しみにしています」となります。

使ってみよう!

▶ Hello, everyone. I'm Suzuki Kenta. It's been two days since I joined Nagoya.com. I was born and raised in Hiroshima. I enjoy scuba diving. I'm looking forward to working with you.

（みなさん、こんにちは。鈴木ケンタと申します。名古屋ドットコムに入社して2日目です。広島で生まれ育ちました。スキューバダイビングが趣味です。どうぞよろしくお願いいたします）

＊It's been … since I joined A.「Aに入社して……が経ちました」

▶ I'm looking forward to networking with people from various industries.

（さまざまな業種の人とお近づきになるのが楽しみです）

＊network with A「Aとネットワークをつくる」

002 お会いできてうれしいです。

(It's a) Pleasure to meet you.

　初対面のあいさつは、お互いの第一印象が決まる大事な場面です。カジュアルな出会いでは最初の部分を省略することが多いのですが、完全な文で伝えるほうがフォーマル度は高まります。社内ではなく、取引先（別会社）の人と初対面のあいさつを交わす場合は、なるべく丁寧な言葉づかいをしましょう。また、相手の言葉をオウム返しにすると事務的なものに聞こえるため、別の表現を使って返すことを心がけましょう。

使ってみよう！

▶ A : It's a pleasure to meet you. I'm Nick Wilson from ABC Corporation.

　　（お会いできてうれしいです。ABCコーポレーションのニック・ウィルソンです）

B : It's nice to meet you, Mr. Wilson. I'm Nakamura Yuka from XYZ Holdings.

　　（はじめまして、ウィルソンさん。XYZホールディングスの中村ユカです）

＊「○○の誰それ」と名乗るときは、〈所属・出所〉をあらわす"from"を用います。

003 これは……にもあてはまります。

This goes for ...

　外国の企業では、お互いをどう呼ぶかはまちまちです。比較的自由な雰囲気の会社では、上下の関係なくお互いにファーストネームで呼び合っています。しかし、大企業や銀行などでは、Mr.／Mrs.／Miss／Msなどをつけて呼ぶことが多いようです。日本ではたいてい名字のあとに「さん」をつけています。

使ってみよう！

▶ A : Is it true that senior executives are addressed only by their titles?

　　（役職のある人たちは肩書きで呼ばれているって本当ですか？）

B : Yes. You can also say Chairman Suzuki or Senior Managing Director Matsui. This goes for people from outside the company, too.

　　（ええ。「鈴木会長」とか「松井専務」のようにも呼びます。このことは他社の人にも当てはまります）

＊senior executives「役職のある人たち」
＊be addressed by A「A（肩書きや敬称）で呼ばれる」
＊title「肩書き」

004 ……さんをご存じですか？

Have you met ...?

　"meet"は「知り合いになる」という動詞で、初対面で「会う」というときに使います。

　"Have you met ...?"を文字どおり訳せば、「……に会ったことがありますか？」になりますが、日本語の「……さんとは初対面ですか？」や「……さんをご存じですか？」に近い表現です。ビジネスシーンでは、人を紹介するときの前置きとしてよく使われます。

使ってみよう！

▶ **Have you met Ms. Tanaka?**
（田中さんをご存じですか？）
　*Ms.は「女性に対する敬称」です。未婚・既婚に関係なく用います。〔ミス〕ではなく〔ミズ〕と発音します。

▶ **Have you met Brian? He's with Sony.**
（ブライアンに会ったことある？　ソニーの人なんだけど）
　*be with + 会社名「～に勤務している」（会社名がすでに話題にのぼっているときや有名な会社の場合に用いられることが多い）

▶ **Have you met each other?**
（お二人は初対面ですか？）

……さんをご紹介します。

I'd like (for) you to meet ...

　人と人を結びつけることは、ビジネスを円滑にすすめるために欠かせません。ちょっとカタいintroduce（紹介する）を使ってもよいのですが、「（紹介されて）会う」という"meet"を使うのが一般的です。また、"for"は省略するのがふつうです。

使ってみよう！

▶ I'd like you to meet someone.
　（紹介したい人がいるんだけど）

▶ I'd like you to meet my coworker, Jane.
　（同僚のジェインを紹介します）
　＊coworker「同僚」

▶ I'd like you to meet my supervisor, Ms. Taylor.
　（現場主任のテイラーさんを紹介します）
　＊supervisor「現場監督／管理者」（業種によって呼称は異なります）

▶ I'd like you to meet the head of our department, Mr. Yoshida.
　（弊社の吉田部長を紹介させてください）
　＊the head of a department「部長」

006 もう一度お名前をお願いします。

What was your name again?

　日本人にとって、欧米人の名はなじみのないものです。なかには一度聞いただけでは覚えられない名もあるはずです。

　"What was your name again?"は、相手の名前を再度たずねるときの決まり文句です。"was"と"again"の部分に注意して、音読練習をしてみましょう。

使ってみよう！

▶ A：What was your name again?
　　（もう一度お名前をお願いします）

　B：Claire.
　　（クレアです）

　A：How do you spell it?
　　（どう書くのですか？）

　B：C-l-a-i-r-e.
　　（C、l、a、i、r、eです）

▶ A：What was your company's name again?
　　（会社のお名前をもう一度お願いできますか？）

　B：Manabisu.
　　（マナビスです）

007 あの人の名前、何でしたっけ？

What was his［her］name again?

　以前に相手の名前を聞いたのですが、思い出せないということがあります。そうしたときは、前項でもふれたように、次のようにたずねます。

▶ Excuse me, what was your name again?
　（失礼ですが、お名前は何でしたっけ？）

　では、そばにいない「あの人」の名前を聞く場合は、どうしたらいいでしょうか。パーティの席などでは、そばに知り合いがいたら、目指す人に話しかける前に、以下のようにたずねてみましょう。

▶ What was his name again?
　（彼のお名前をもう一度お伺いできますか？）

使ってみよう！

▶ A : That's the guy we met at the trade show in Osaka.
　　（あれは大阪の展示会で会った人だよね）

　B : Oh, that's right. What was his name again?
　　（ああ、そうだね。あの人の名前、何だっけ？）

＊trade show「展示会／見本市」

008 ……をいただけますか？

May I have …?

"May I have …, please?" は、相手についての情報
のみならず、モノを頂戴するときにも使える便利なフレ
ーズです。

"Can I have …?" と言ってもいいのですが、"May I
have …?" のほうが丁寧であり、それゆえビジネスシー
ンにおいてはふさわしいフレーズです。

使ってみよう！

▶ **May I have your name?**
（お名前をお伺いできますか？）

▶ **May I have your contact information?**
（連絡先を教えていただけますか？）
＊contact information／contact info「連絡先」

▶ **May I have your email address?**
（メールアドレスをお伺いできますか？）

▶ **May I have your business card?**
（お名刺を頂戴できますか？）
＊business card「名刺」（たまに「名刺」を "name card" と言って
いる人を見かけますが、通例、"name card" は座席の上にある「名
札」ですので、勘違いしないように気をつけてください）

009 これ私の名刺です。

Here's my business card.

　あるものを取ってほしいと言われたら、「はい、（どうぞ）」と言って、ものを差し出します。英語では、Here.／Here you go.／Here you are.がそれにあたります（最後の〈Here you are.〉が3つのうちでいちばん丁寧な表現です）。

　自分のほうから名刺などを差し出す場合は、"Here's my ..."（これ、私の……です）というフレーズを使います。いきなり無言で差し出すのは失礼ですから、かならず"Here's my ..."と言うようにしましょう。

使ってみよう!

▶ Here's my business card.
（これ、私の名刺です）

▶ Here's my contact information.
（これ、私の連絡先です）

▶ A：Do you have a business card?
（お名刺をお持ちですか？）

　B：Yes. Here you are.
（ええ。どうぞ）

010 ……とはどういう知り合いなんですか？

How do you know ...?

　せっかく会場に足を運んだものの、知り合いがひとりもいません。誰か話し相手がいないかなあ。主催者（ホスト）以外、どんな人が集まっているのか、皆目わからない。そう思ったら、会話を始めるきっかけとしてこの表現を口にしてみてください。

　"How did you know him?"のように"did"を用いると、「（亡くなった）彼とはどうやって知り合ったのですか？」という意味になってしまいますので注意してください。

使ってみよう！

▶ A : How do you know Jill?

　　（ジルとはどういう知り合いなのですか？）

　B : We met at the annual convention last year.

　　（昨年の年次総会で会ったんです）

＊annual convention「年次総会」

▶ A : How do you two know each other?

　　（お二人はどういうお知り合い？）

　B : We used to work together.

　　（以前、一緒に働いたことがことがあるんです）

＊you two「あなたたち二人」

＊used to「以前は〜した」

011 こちら森田さん。彼女とは同期なんです。

This is Ms. Morita. She and I joined the company at the same time.

「先輩」「後輩」……年功序列意識が強い日本人ならではの言いまわしです。平等意識の強い西洋諸国にはこれらに対応する名詞がないので、文脈によって適宜その内容を英訳しなければなりません。

▶ This is Mr. Tanaka. He's been here longer than I have.

（こちら田中さんです。私の先輩です）

「私よりも長くここにいる」といえば、「先輩」のニュアンスをだすことができます。次は「後輩」です。

▶ This is Mr. Kato. He joined the company two years after I did.

（こちらが加藤さんです。私の2つ下の後輩です）

「私の2年あとに入社した」といえば、「後輩」であることを伝えることができます。

使ってみよう！

▶ This is Mr. Yoshida. He and I joined the company at the same time.

（こちらは吉田さんです。彼は僕と同期なんです）

＊「同じ時期に入社した」と言えば、「同期」であることを伝えることができます。

012 ……の友だちなら、私の友だちよ。

Any friend of ...'s is a friend of mine.

　英語には、"A friend who shares is a friend who cares."（分かち合える友だちは、思いやりのある友だちだ）という言いまわしがあって、友だち同士は友愛の精神で結ばれているという意識があります。

　日本語でもそうでしょうが、「あなたは私の友だち」と言われることは人生の喜びです。といっても、深く考えることはありません。「一緒にいて楽しい人なら、すぐに友だちになる」というのがアメリカ人の友だち意識です。

使ってみよう！

▶ Any friend of Mike's is a friend of mine!
（マイクの友人なら、僕の友人だ！）
＊any ＋単数名詞「どんな……でも」

▶ A : I'm Jenny. I'm a friend of Paul's.
（ジェニーです。ポールの友人です）

　B : Paul Barber? He's such a nice guy. Any friend of his is a friend of mine.
（ポール・バーバー？　彼はいい人ね。彼の友だちなら、私の友だちよ）

＊He's such a nice guy.「彼はいい人です」（ハンサムという意味ではなく、「人間として魅力のある人」の意味で用いられます）

013 どうやって連絡をとったらいいですか？

**How can I contact you?／
What's the best way to contact you?**

　ビジネスシーンにはさまざまなマナーがあります。丁寧さを欠いた態度や表現は、心証を悪くしてしまうということを肝に銘じておきましょう。ここでは、失礼にならないように、相手の連絡先をたずねる言いまわしを覚えましょう。電話での連絡を好む人もいますし、メールでの連絡を好む人もいます。そうしたことを聞き出す定番フレーズです。

使ってみよう！

▶ **A：How can I contact you ?**
　　（どうやって連絡をとったらいいですか？）

　B：Here's my card.
　　（これ、名刺です）

＊contact「連絡をとる」（このように"contact"を動詞として用いるのが一般的な用法です）

▶ **A：What's the best way to contact you?**
　　（どうやって連絡をとるのがいちばんいいですか？）

　B：Email me or text me.
　　（パソコンか携帯にメールください）

＊email A「Aに電子メールを送る」（動詞として用います）
＊text A「Aに携帯メールを送る」（動詞として用います）

**When's a good time to call you? /
When's the best time to call you?**

時代は変わります（Times are changing）。

メールに頼るようになった昨今、電話をかける人がだいぶ減りました。むかしは訪ねるまえに電話をしましたが、いまは電話するまえにメールをするようになりました。そこで「いつ電話したらいいですか？」とメールすることになります。

使ってみよう！

▶ A : When's a good time to call you?
　　　（いつ電話したらいいですか？）

　B : Anytime before 1:00 is good.
　　　（１時前でしたらいつでもいいですよ）

＊a good time to ...「……するのに都合のいい時間」
＊anytime before[after] 1:00「１時前[以降] ならいつでも」

▶ A : I'll call you tomorrow. When's the best time?
　　　（明日、電話します。何時ごろがいちばんいいですか？）

　B : Anytime between 3:00 and 5:00.
　　　（３時から５時のあいだならいつでもいいです）

＊the best time「いちばん都合のいい時間」

015 ……の件で、お目にかかりたいのですが。

I would like to make an appointment with you to ...

ここではアポイントをとる表現について学びましょう。

メールでは、件名を"Appointment request"とします。そして、I would like to make an appointment with you to discuss the project in more depth.（プロジェクトについてさらに話をつめるためにお目にかかりたいのですが）などと続けます。

＊make an appointment「面会の約束をする」

＊discuss A in more depth「Aについてより深く突っ込んで話し合う」

使ってみよう！

▶ I would like to make an appointment to discuss the project. Could you spare me about an hour next week? I'm available any day except May 12th and 15th. Just let me know a convenient date and time.

（プロジェクトの件でお目にかかりたいと思っております。来週、1時間ほどお時間をいただけないでしょうか。5月12日と15日以外でしたら、いつでも空いております。ご都合のよい日時をお知らせください）

＊spare me ...「私に……の時間を割く」

＊convenient date and time「都合のよい日時」

第 2 章

押さえておきたい「ビジネス用語」

016 売り上げ／収益／利益
sales ／ revenue ／ profits

　上で掲げたものを主語にして、それらが「伸びる」や「落ちる」などはどう言いあらわしたらいいのでしょうか。以下でチェックしてみましょう。

使ってみよう!

▶ **Sales are expected to grow soon.**
（売り上げはまもなく伸びると見込まれます）
＊grow「（売り上げが）伸びる」（increase／rise／climb／go up などを使うこともあります）

▶ **Sales lost momentum in the second half.**
（売り上げは下半期、勢いを失ってしまった）
＊lose momentum「勢いを失う」

▶ **Revenue reached the 200 million yen mark last year.**
（収益は、昨年2億円の大台に達しました）
＊revenue「収益」（〔レヴェニュ〕と発音します）
＊mark「大台」

▶ **Our profits are likely to level off soon.**
（当社の利益はまもなく横ばいになるだろう）
＊level off「横ばい状態になる」

017 コスパがいい

a good value for the price／reasonable

　「コスパ」とは「コスト・パフォーマンス」(cost performance) の略語。日本語で言うところの「費用対効果」を指します。わかりやすく言うと、支払った費用（コスト）に対して、その対価として手に入る成果（パフォーマンス）を意味します。具体的に言えば、コストは金銭・労働・時間・情報を指し、パフォーマンスは結果・成果を意味します。

▸ With this technology, we'll be able to improve quality and cost performance.

　（この技術をもってすれば、品質も費用対効果もあげることができる）

　とはいえ、"cost performance"は専門用語としての認識が強く、日常会話で使われることはほとんどありません。口語ではa good value for the price（値段のわりには価値が高い）とか、reasonable（手ごろである）などの表現を好んで使います。

使ってみよう!

▸ It's expensive, but it'll last forever, so it's a good value for the price.

　（高額ですが、長持ちするので、コスパがいいです）

＊last forever「長持ちする」

018 コラボ商品

a joint product

　「コラボする」という日本語は、collaborate（合作する／協力する）という英語に由来します。「……とコラボする」と言いたいときは、"collaborate with ..."とします。

▶ **K Company and X Company are collaborating to develop and produce the products.**
（K社とX社は、その製品の開発と製造でコラボしています）

　ところが、「コラボ○○」は"joint"という単語を使って、joint product（コラボ商品）／joint project（コラボ企画）／joint production（コラボ制作）／joint venture（コラボ事業・ジョイントベンチャー）と呼んでいます。

使ってみよう！

▶ **The joint product between G.I.S. and our company was aimed at career women.**
（ジー・アイ・エス社とわが社のコラボ商品は、キャリアウーマン向けのものでした）

＊be aimed at A「A向けである」

019 リストラされる

be fired

　「リストラ」は「リストラクチャー」（restructure）の略で、「企業組織の再編成」という意味です。ですから、英語では"restructure"の対象となるのはあくまでも企業であって、個人ではありません。もちろん、「クビにする」という意味もありません。

　人を「クビにする」は"fire"という動詞を使うことが多いのですが、どうして"fire"がこのような意味をもつようになったのでしょうか。それはcharge（装填する）の派生語であるdischarge（発砲する）と関係があるようです。"discharge"には「雇い主にとって負担（チャージ）となってきた人を解雇する」という意味があり、それなら同じ「発砲する」するという意味をもつ"fire"にも「クビにする」という意味を持たせてもよいだろうということで、「クビにする」という意味をもつようになりました。

使ってみよう！

▶ **You're fired.**
　（きみはクビだ）

▶ **He was fired for pocketing the company's money.**
　（彼は会社の金を着服して解雇された）

"pro" というのは「賛成意見／良い点」、"con" は「反対意見／悪い点」で、ラテン語に由来します。

"the pros and cons" は「プラス面とマイナス面／賛否両論」で、merits and demerits（メリットとデメリット）、advantages and disadvantages（利点と欠点）、strong points and weak points（長所と短所）などの代わりに用いられます。

使ってみよう！

▶ Let's compare the pros and cons of each proposal.

（それぞれの案のプラス面とマイナス面を比較しましょう）

＊compare A「Aを比較する」

▶ Let me summarize the pros and cons of this option.

（これを選択した場合の賛否両論をまとめてみます）

＊summarize A「Aを要約する」

▶ We should hear all the pros and cons of the matter before we make a decision.

（決定をくだす前に、それについての長所と短所をすべて耳に入れるべきです）

021 アメとムチ

(the) carrot and (the) stick

「アメとムチ」とは、甘い汁を吸わせるいっぽうで、厳しく締めつけることのたとえです。ドイツの鉄血宰相・ビスマルクの政策を評した言葉が定着したわけですが、英語ではこれを"carrot and stick"と言いあらわします。

さて、「ニンジンと棒」で何を連想しますか。そう、この言いまわしは馬を働かせる手段からきているのです。馬の好物はニンジンなので、これが「アメ」(褒美／報酬)にあたります。しつけや労働をさせるための棒が「ムチ」(厳しさ／罰)というわけです。

使ってみよう!

▶ A good manager uses both the carrot and the stick.

(優秀な経営者はアメとムチの使い分けがうまい)

▶ She is trying to uses the carrot-and-stick approach to motivate her team members.

(彼女はアメとムチの使い分けをやって、部下のモチベーションをあげている)

*approach「(問題への)取り組み方／アプローチ」

*one's team member「(直属の)部下」(one's staff という表現もあります。和英辞典には"subordinate"と出ていますが、部下をこのように呼ぶ上司はほとんどいません)

022 ニワトリと卵の……
chicken-and-egg ...

「ニワトリが先か、それとも卵が先か」(Which came first, the chicken or the egg?) という言いまわしをよく耳にします。言うまでもなく、ニワトリは卵を産み、卵からニワトリが生まれます。それをたどっていくと、どっちが先だったのか、わからなくなってしまいます。因果関係が判断できないような状況をあらわし、議論しても埒（らち）があかない、堂々めぐりの状態にあることを含意します。

▶ a chicken-and-egg problem
（因果関係のわからない問題）
▶ a chicken-and-egg dilemma
（考えても結論のでないジレンマ）
▶ a chicken-and-egg debate
（堂々めぐりの議論）
いずれもよく用いられている慣用句です。

使ってみよう！

▶ A : Which came first, profit or investment?
（利益優先、それとも投資？）
B : It's a chicken-and-egg situation.
（ニワトリと卵の状況だね）

023 ゲーム

game

　ビジネスの競争を「ゲーム」にたとえることがよくあります。

　ここでは代表的なフレーズを３つお見せします。

使ってみよう！

▶ **The game has just begun.**

（試合は始まったばかりだ）

　「出だしのつまずきを悲観することはない」と励ましたり、「序盤の好調は序の口にすぎない」とみずからを戒めるときに用います。

▶ **The game is over. ／ Game over.**

（おしまいだ）

　勝負の決着がついて、もうどうにもならないという場合に用います。

▶ **That's the name of the game.**

（肝心なのはそれだ）

　相手や自分が述べたことについて、「それが本質だ／それがなにより大切なことだ」という場合に使います。

　＊the name of the game「最重要点」（ゲームの名前には、そのゲームの内容や要点があらわされていることからこの意味で用いられるようになりました）

024 ゴーサイン

the green light／the go-ahead／the OK

　"green light"とは、交通の「青信号」のこと。比喩的に計画などを実行に移す「ゴーサイン／許可／認可」の意味をもちます。permission（許可）やapproval（承認）とほぼ同じです。ちなみに「ゴーサイン」は和製英語です。また、the OK／the go-aheadで「ゴーサイン」の意味をもつこともあります。どれもいきいきとした英語らしい表現ですので、ぜひ使ってみてください。

使ってみよう！

▶ We can't start the project until our boss gives us the green light.
（上司がゴーサインをだしてくれないと、プロジェクトを始めることができない）

▶ KB Company has been given the green light to begin drilling for oil.
（KB社は、石油試掘のゴーサインをもらった）
＊drill「掘る／採掘する」

▶ Our boss gave his plan the go-ahead.
（上司は彼の計画にゴーサインを出した）

025 出世争い

rat race

　成功や出世のために競争するのに忙しくて、くつろいだり、人生を楽しんだりする時間がほとんどないような暮らし方をしている人がいます。仕事人生における「保身のための激しい競り合い／成功をつかみとろうする死にもの狂いの闘争／競争相手を出し抜くための熾烈（しれつ）な出世争い」を英語では"rat race"と呼んでいます。"rat"はしばしば軽蔑的な形容詞として用いられます。

使ってみよう！

▶ I think you should get out of the rat race right now.

（そんな出世競争とはもう縁を切ったらどうなの）

＊get out of A「Aから抜け出す」

▶ A：Is it true about Susan? Did she really quit her job?

（スーザンのことだけど、ほんとう？　ほんとに仕事やめたの？）

　B：Yes, it's true. I guess she finally got tired of the rat race.

（ほんとうよ。ラットレースにうんざりしたんだと思う）

＊get tired of A「Aに飽きる／Aにうんざりする」

026 レベルアップする

improve

「レベルをあげる」という意味での「レベルアップ」という言葉をよく耳にします。たぶん、move up one level（レベルをあげる）からきているのでしょうが、そのまま使ってもまったくつうじません。英語のlevel upは「低いところを埋めて平らにする」という意味です。

「レベルアップする／スキルを高める」にいちばん近いのは、improve（よくする／改良する）という動詞です。

使ってみよう！

▶ I took advantage of our mentoring system to improve the level of our team's abilities.
（メンター制度を利用して、チームのレベルアップを図った）
＊take advantage of A「Aを利用する／Aを活用する」
＊mentoring system「メンター制度／社内指導教育制度」

▶ A : Why are you going to night school?
（なぜ夜間講習を受けているの？）

B : I'm trying to improve my computer skills.
（コンピュータの操作能力をレベルアップしようと思ってね）

027 意見を述べる
address

あなたはミーティングの司会者です。参加者に平等の機会を与えるために、議題についての意見を全員から募（つの）ります。そのとき、あなたは何と言いますか。

▶ Does anyone have an opinion on this?

（これに関して、どなたか意見はありますか？）

こう言ってもいいですが、ネイティブは"address"という動詞を使って、次のように表現します。

▶ Would anyone like to address this?
   *address A「Aに向けて意見を言う」

（これに関して、ご意見のある方はいらっしゃいますか？）

"address"は言葉やモノを「〜に向けて送る（手段）」が原義で、「住所／宛名」のほか、「じかに伝える／申し述べる」という意味をもっており、会議の場でよく耳にするフレーズです。また、意見（comments）や苦情（complaints）を目的語にすることもあります。

使ってみよう！

▶ Address your comments to the Customer Services Department.

（ご意見はお客様サービスセンターへお寄せください）

   *the Customer Services Department「お客様サービス係」

028 自由にアイディアを交換し合う

brainstorm

　結論をだすことを目的にせずに、「ふと浮かんだアイディアを自由に交換し合う」ことを "brainstorm" と言います。こうすることで新しいアイディアを見つけたり、問題解決の糸口を見つけることができるため、この手法を積極的に採用している企業もあります。

使ってみよう!

▶ The purpose of this meeting is to brainstorm names for the new product line.

（この会議の目的は、新商品のラインナップの名前について自由に意見を述べ合うことです）

*the new product line「新商品のラインナップ」

▶ We've been brainstorming for an hour, but we can't seem to come up with any useful ways to increase our sales.

（もう1時間もみんなで意見を述べ合っているけど、売り上げを伸ばす有効な手段はひとつも思い浮かばないようだね）

*come up with A「Aを思いつく」

▶ We had an intense brainstorming session today.

（きょうは内容の濃いブレスト・セッションができたね）

029 ボールは相手のコートにある。

The ball is in their court.

テニスの試合を想像してみましょう。ボールは敵のコート内にある。相手がどう反応するかはまだわからない。そんな状況のときに用います。

「ボールは相手のコートにある」は、「今度はむこうが行動する番である」という意味で用いられ、事は相手しだいなので、こちらが心配してもしょうがない、というニュアンスを含みます。

使ってみよう！

▶ We did everything we could. The ball's in their court now.

（こっちはできることはすべてやった。あとはむこうがどう出るかだ）

▶ A : Did you present an offer to Linda?

（リンダにオファーを出した？）

B : Yes. She has to decide whether or not to accept it. The ball's in her court.

（ええ。さて、受けてくれるどうか。ここから先は彼女しだいだ）

＊present an offer「オファーを出す」

＊decide whether or not to ...「……すべきかどうかを決める」

030 すぐに慣れるよ。

You'll get the hang of it.

「すぐにコツをつかめるよ／じきに慣れるさ」にあたる表現です。"get the hang of A"は「Aの要領をつかむ／Aのコツを飲み込む／Aの要点を理解する」などの意味をもつ重要イディオムです。"hang"は「垂れ具合／掛け方」から「要領／コツ」の意味をもつようになりました。上に掲げた文は、

▶ You'll get used to it.

（じきに慣れるさ）

▶ You'll get into the rhythm of the job.

（すぐに仕事のリズムが身につくよ）

とほぼ同じような意味をもちます。

使ってみよう！

▶ Keep practicing. You'll get the hang of it.

（練習してごらん。すぐにコツがつかめるよ）

▶ Take your time until you get the hang of it.

（慣れるまではゆっくりやってごらん）

＊take one's time「時間をかけてゆっくりとやる」

▶ It's hard at first, but once you get the hang of it, it's easy.

（最初のうちは難しいけど、慣れたら簡単だよ）

031 事情によりけりです。

It［That］depends.

「それは事情〔状況〕しだいだ／それは話によりけりです／時と場合による」などにあたる表現です。「なんともいえないなあ／ちょっとわからないなあ」などと訳してもいいでしょうね。強調するときは、It all depends.／That all depends.のように"all"を入れます。また、「……しだいです」と言いたいときは、前置詞の"on"を後ろにおいて、"It［That］depends on ..."とします。

使ってみよう！

▶ A：Are you busy?
（忙しい？）

B：It depends. What do you need?
（話によりけりだな。どうした？）

▶ A：How much is shipping?
（送料はいくら？）

B：It depends. How much does it weigh?
（わからない。重さはどれぐらいあるの？）

＊shipping「運送料金」

＊weigh ...「……の重さがある」

▶ I may go. It depends on my schedule.
（たぶん行けるだろうけど、スケジュールしだいだな）

032 行くも地獄、帰るも地獄。

Damned if you do and damned if you don't.

(You are) Damned if you do and damned if you don't. ／ (You'll be) Damned if you do and damned if you don't. の省略表現です。

2つの選択肢のうち、どちらをとっても悪い結果になってしまうという状況に追い込まれることがあります。そんなときにこのフレーズを口にします。「やっても非難されるし、やらなくても非難される」「何をやっても文句を言われるのが落ちだ」「あちらを立てればこちらが立たず」「行くも地獄、帰るも地獄」などにあたります。"damn"は「破滅させる／（神が）地獄に落とす」という動詞で、"be damned"となれば、「破滅する／地獄に落とされる」の意味をもちます。

使ってみよう！

▶ A : If I tell the boss, my coworker will get mad at me. If I don't, I might get in trouble.
（ボスに言えば同僚がおれに腹を立てるし、言わなければこっちが困ったことになる）

B : Man, damned if you do and damned if you don't.
（いやはや、行くも地獄、帰るも地獄ってやつだな）

＊get mad at A「Aに腹を立てる」

033 個人的なことじゃない。ビジネスだからね。

(It's) Nothing personal. (It's) Just business.

　取引を中途でやめたり、昇進を見送ったりするなど、相手ががっかりするような処置をくだしたとき、「個人的にどうこうっていうわけじゃないんだよ。ビジネスだからね」と、あくまでも決定は個人的な評価や怨みではなく、ビジネスを優先した結果であることを伝えます。そうしたときの必須フレーズです。

使ってみよう！

▶ A : Why not me?
　　（なぜ私じゃいけないんですか？）

　　B : Nothing personal. Just business.
　　（個人的にどうこうっていうわけじゃないんだよ。たんにビジネスの問題だ）

▶ A : The client went with another firm. I wonder why they didn't like me.
　　（顧客が別の会社を選んだの。どうして私を嫌ったのかしら？）

　　B : It's not personal. It's just business.
　　（個人的なことではなく、ビジネス上の問題だよ）

*go with A「Aを選ぶ／Aの申し出を受け入れる／Aと組む」

034 ……が私のモットーです。

... is my motto. ／ My motto is ...

　一流のビジネスパーソンになろうと思ったら、目に見えるハードスキル（tangible hard skills）だけでなく、コミュニケーション、チームワーク、批判的な思考（critical thinking）、自己管理（self-management）、時間厳守（punctuality）といったソフトスキル（soft skills）を身につけなければなりません。そして、そのプロセスであなたが獲得した知恵が「モットー／座右の銘」（motto）になります。自分の「処世訓」を開陳することで、自分がどんな人物かを相手に伝えることができます。

使ってみよう！

▶ A：I learned that you can have too much of a good thing.
　　（どんなに良いものでも度が過ぎるのはよくない、ということを学びました）

　 B：Moderation in all things is my motto.
　　（なにごとも中庸であるのが私のモットーなんだ）
　 ＊moderation in all things「なにごとにおいてもほどほどであること」

▶ My motto is to live in the present.
　（今を楽しむことをモットーとしています）

035 お客さまは神様です。

The customer is always right.

　「お客さまは神様です」は、日本のみならずアメリカでもよく耳にするフレーズです。早くも1905年にその用例が見えます。アメリカ人起業家で、イギリスの高級百貨店セルフリッジのハリー・ゴードン・セルフリッジが言い始めたものとされています。

　英語では「お客さまはつねに正しい」と言いあらわします。このスローガンは、どんなに客の言い分が筋の通らぬものであっても、頭をさげて耳を傾けていればきっと報われるという商売の極意を教えて、いまや「黄金律」(the golden rule) になっています。

使ってみよう!

▶ A : The customer mistakenly ordered the wrong size jacket.

　（お客さんが間違えて違うサイズのジャケットを注文したっていうのですが）

　B : Let him exchange it. Remember, the customer is always right.

　（取り替えてあげなさい。いいかい、お客さまは神様なのだから）

＊mistakenly order A「間違ってAを注文する」

036 ブラック企業

a company that exploits its workers／a bad company to work for

「ブラック企業」と聞いて、ネイティブスピーカーが思い浮かべるのは、Black-owned business（黒人経営によるビジネス）です。しかし日本では、違法労働、過重労働、パワハラなど、従業員の人権を踏みにじるような行為を認識しつつも、それを放置している企業を「ブラック企業」と呼んでいます。一般の人は、「労働時間が長くて、残業代もでない、人使いの荒い会社」との認識があるようです。ところが、英語ではこれにあたる定型表現がありません。上で掲げたように表現するしかありません"exploit"は「不当に利用する／搾取する」という動詞です。

使ってみよう！

▶ I don't want to work for a company that exploits its workers.

（ブラック企業では働きたくない）

＊work for A「Aに勤める」

▶ There are lots of bad companies to work for in this kind of industry.

（この業界はブラック企業が多い）

＊this kind of industry「この種の業界」

第3章

「ビジネスメール」を書いてみる

037 ビジネスメール7つのポイント
簡潔に、わかりやすく！

　ビジネスメールは簡便性と即時性があることから、グローバル経済においてはすでに不可欠なものになっています。

　ビジネスメールは基本的に次の7つで構成されています。

① To（宛名）
② From（差出人）
③ Subject（件名）
④ Salutation（頭辞／敬辞）
⑤ Body（本文）
⑥ Closing（結辞／本文結び）
⑦ Signature（署名／差出人の名前）

　メールを書く際に忘れてはいけないことは以下の4つです。

❶簡潔にわかりやすく書く

　伝えたい内容にフォーカスして書きましょう。「いつもお世話になっております」「お疲れさまです」などの日本語メールにおける挨拶文などを冒頭におく必要はありません。冗長を避け、シンプルに書くことを心がけましょう。

❷下品な言葉や絵文字を使わない

　下品なスラングは使ってはいけません。wanna（want to）やgimme（give me）などを使っている人を見か

けますが、ビジネスメールでは見苦しいものです。くだけた表現やなれなれしい言いまわしは親しくなってからと心得ましょう。また、絵文字も避けるのが無難です。

❸ 推敲する

自分の言いたいことがきちんと伝わる英文になっているかどうかはもちろんのこと、日時や数字のミスはないか、相手の名前のスペルを間違っていないかなどのチェックをしましょう。

とくに数字のミスは、あなたの信用度だけでなく、会社の信頼度を損ねることになります。

❹ 返信は早めに

ビジネスメールではスピードが命です。プロはそうした自覚を持たないといけません。メールのなかには返信期限があるものがあります。その期限に遅れるのはプロフェッショナルとして失格です。やむをえず遅れそうな場合は、その理由をかならず伝えましょう。その場合、"I have been busy..."（ずっと忙しくて……）というストレートな言い訳は慎みましょう。忙しいのはお互いさまなのですから。

使ってみよう！

To: XYZ Corp. 〈ohiotheboss@beautifulwebs.com〉……①

From: White Clark 〈whitecl@chikumashobo.com〉……②

Subject: Inquiry……③

To Whom It May Concern:……④

I'm writing to inquire about purchasing your service.

Could you provide me with the contact information of your sales representative in Japan?

I look forward to hearing from you.……⑤

Best regards,……⑥
Hitoshi Yamaoka……⑦

---

① XYZ社御中
② ホワイト・クラークより
③ 件名：問い合わせ
④ 担当者様
⑤ 御社のXXXシリーズの製品に関しまして、購入を検討しております。
日本国内での販売店の連絡先を教えてください。お返事をお待ちしています。
⑥ 敬具
⑦ 山岡仁志

038 件名
Subject

　ここでは、Subject（件名）を取りあげます。

　注意していただきたいのは、No subject（件名なし）では失礼にあたりますし、また不審にも思われますので、件名はかならず書くようにしましょう。

　もうひとつ。日本語のメールの件名でよく見かけるのが、「鈴木です」「○○社の佐藤です」のように自分の名前を記したものです。たしかに誰から来たメールかわかりやすいのは認めますが、英語圏のビジネスメールでは自分の名前を件名に入れる習慣はありません。

　よく使われるのは、以下に列挙したものです。

使ってみよう！

　よく使われる Subject（件名）には、次のようなものがあります。

▶ **Inquiry about ...**（……についての問い合わせ）

　（例）Inquiry about new products

　（新商品についての問い合わせ）

　＊件名のところで、「……に関しまして／……について」を意味する regarding／concerning／about で書き始める例を見かけますが、用件をずばりと書くほうが一般的です。

▶ **Announcement of ...**（……のお知らせ）

　（例）Announcement of personnel change

（人事移動のお知らせ）

▶ **Notification of ...**（……のお知らせ）
  （例）Notification of change of address
    （住所変更のお知らせ）

▶ **Request for ...**（……のお願い）
  （例）Request for a refund〔Order No. STB-222〕
    （返金のお願い〔注文番号 STB - 222〕）

▶ **Arrangements for ...**（……の調整／……の手配）
  （例）Arrangements for business trip to Thailand
    （タイ出張の手配）

▶ **Apology for ...**（……のお詫び）
  （例）Apology for the delay
    （遅延のお詫び）

▶ **Change of ...**（……の変更）
  （例）Change of policy
    （方針の変更）

▶ **Confirmation of ...**（……の確認）
  （例）Confirmation of Friday morning meeting
    （金曜日午前のミーティングの確認）

▶ **Question about ...**（……についての質問）
  （例）Question about my order
    （注文に関する質問）

▶ **Correction of ...**（……の訂正）
  （例）Correction of a billing error
    （請求書の間違い訂正）

▶ **Reminder: ...**（……のご確認）
  （例）Reminder: Tomorrow's meeting

（ご確認：明日の会議）

▶ **Thank you for ...**（……ありがとう）
　（例）Thank you for your hospitality.
　　　（お世話になりました）
　＊ hospitality「親切なもてなし／歓待」

そのほか、以下のものもよく用いられています。

▶ **Meeting request**（面会のお願い）
▶ **Schedule change**（予定変更）
▶ **Date, time and location**（日時と場所）
▶ **CDF project update**（CDFプロジェクトの最新情報）
▶ **FYI**（ご参考まで）〔for your informationの略語〕
▶ **Unfortunate news**（残念なお知らせ）
▶ **Urgent! Monday meeting canceled**
　（緊急！ 月曜日の打ち合せは中止）
　＊ Urgent! だけだと、相手はいったい何事かと不安に思います。後ろ
　　にひとこと添えましょう。
▶ **My resignation**（退社のご挨拶）

039 宛名

Dear ...: / Dear...,

「……様」にあたる頭語（敬辞）を本文の一行目に書きます。

フォーマルなビジネスメールでは、ラストネーム（ファミリーネーム／姓）の前に、Dear Mr.／Ms.をつけ、名前の後ろにはコロン（:）を置くのが一般的です。

▶ **Dear Mr. Craft:**（クラフト様）

ところが、Dear Mr. James Craft:（ジェイムズ・クラフト様）のように、フルネームを使うと事務的な印象を与えるというので、ファーストネームを避けようとする人もいます。

また、gender neutral（男女の性差にとらわれない考え方）の持ち主であることを表明して、

▶ **Dear James Craft:**（ジェイムズ・クラフト様）
▶ **Dear James:**（ジェイムズさん）

などのように、Mr.／Mrs.／Ms.は用いない傾向も顕著になっています。

ただし、ここが重要なのですが、相手と親しくなるにつれ、DearはやがてToやhelloやHiになり、名前はファーストネーム（名前）や愛称だけになり、コロン（:）はカンマ（,）になっていきます。

▶ **To James,**（ジェイムズさんへ）
▶ **Hi Jim,**（ジムさんへ）

日本人のビジネス社会では、ファーストネームで呼び合う習慣がないため、Murakami-sanのようにラストネームに"-san"をつけることがあります。

▶ **Hello Murakami-san,**(村上さんへ)

　プライベートでのやりとりなら、Hi,のみでもＯＫです。

　ひと昔前なら、相手の名前がわからない場合は、

▶ **Dear Sir,**(担当者様)

▶ **Dear Sir or Madam:**(担当者様)

　としていましたが、いまはジェンダーへの配慮から、だんだん使われなくなっています。

▶ **To Whom It May Concern:**(担当者様／関係者各位)

　フォーマルな印象を受けることから、一時期は廃れていましたが、最近ではまた使われるようになってきました。

　相手の名が不明である場合は、用途に応じて以下のようにするのもひとつのやり方です。参考にしてください。

▶ **Dear Purchase Manager,**(購買マネージャー様)

▶ **Dear Customer Service Manager,**
　(カスタマーサービスマネージャー様)

　一斉メールの場合は、Hi／Helloよりも、Dearをつけて以下のようにするのがふつうです。

▶ **Dear All,**(皆さんへ)

▶ **Dear Colleagues,**(関係者各位)

▶ **Dear Project Members,**(プロジェクトメンバーの皆様へ)

Subject: Inquiry

To Whom It May Concern:

My name is Aki Suzuki from KLZ International. I'm interested in your products, particularly the ABC series on your website. I'd like to know if you have 200 of #102 in stock.

Your prompt reply would be much appreciated.

Best regards,
Aki Suzuki
KLZ International

件名：商品の問い合わせ

担当者様

KLZインターナショナルの鈴木亜紀と申します。
御社のホームページに掲載されているABCシリーズの商品に興味を持ちました。品番102の在庫は200個ありますでしょうか。

早急にお返事をいただければ幸いです。

敬具
鈴木亜紀
KLZインターナショナル

040 結びのひとこと

Thank you for your time,

　和文による結語（結辞）ではまた、「よろしくお願いします」をよく用いますが、英語では感謝の言葉をもって、その代用とします。カンマ (,) をふって、名前へとつなげます。以下、そのニュアンスを読みとってお使いください。

▶ **Thank you for your time,**
　（お手数ですが、よろしくお願いします）

▶ **Thank you in advance,**
　（よろしくお願いします）
　* in advance「前もって」

▶ **Thank you for your patience,**
　（ご面倒をおかけしますが、よろしくお願いします）
　* patience「辛抱／忍耐／我慢」

▶ **Thank you for your consideration in this matter,**
　（本件につきましてご考慮いただき、ありがとうございました）
　* consideration「考慮／検討」

▶ **Thank you for your attention to this matter,**
　（本件につきましてお気づかいいただき、ありがとうございました）

▶ **Thanks for your support,**

（お力添えをお願いします）

▶ **Thanks for understanding,**
（ご理解のほど、よろしくお願いします）

▶ **Many thanks,**
（本当にありがとうございました）

▶ **Thanks so much,**
（どうもありがとうございました）

▶ **Thanks always,**
（いつもありがとうございます）

▶ **All the best,**
（よろしくお願いします）

使ってみよう！

Subject: Request for quote

Dear Mr. Brown,

Thank you for your quick reply.
We would like a quote for the following,
including shipping charges:

Model 331 (green)   qty. 20
Model 332 (red)   qty. 20
Model 551 (white)   qty. 10
Model 552 (black)   qty. 10

There's one more thing I need to ask you

about. What is the approximate delivery
date?

Thanks for your time,
Naomi Ishigami

＊ qty. は quantity（数量）の略語。

件名：見積もり書の依頼

ブラウン様

早速のご返信ありがとうございます。
以下について、送料を含んだ御見積りをお願いします。

製品番号　331（緑）　20個
製品番号　332（赤）　20個
製品番号　551（白）　10個
製品番号　552（黒）　10個

もうひとつお尋ねしたいことがあります。納品日はいつごろに
なりそうでしょうか。

以上、よろしくお願いいたします。
石神直美

041 結びのあいさつ

Sincerely, / Regards,

　和文の手紙では結語（結辞）に「敬具」という言葉を添えますが、その英語バージョンを見ていきましょう。

フォーマルな表現

▸ **Sincerely（yours）,**（敬具）
▸ **Respectfully（yours）,**（敬具）

　これらは官公庁への許認可申請などではよく使いますが、ビジネスメールではだんだん使われなくなっています。

セミ・フォーマルな表現

▸ **（Best / Warm / Kind）Regards,**（敬具）
▸ **（Best / Warm / Kind）Wishes,**（ご多幸をお祈りします）
▸ **All the best,**（よろしくお願いいたします）

　社内外を問わず、取引先や上司には、Best regards, / Best wishes, のいずれかを使っておけばOKです。

　ビジネスメールでも、親しい間柄であれば、以下のようなフレンドリーな表現を使います。

カジュアルな表現

▸ **(Many) Thanks,**（ありがとう）
▸ **Good luck,**（がんばってね）
▸ **Keep in touch,**（また連絡してね）
▸ **Take care,**（お元気で）

- **See you soon,**（ではまた）
- **See you then,**（ではまた）
- **Talk to you soon,**（じゃまた連絡します）
- **Talk soon,**（じゃまた）
- **Have a nice weekend!**（よい週末を！）
- **Enjoy your weekend!**（楽しい週末を！）
- **Bye for now,**（ではこれで）

使ってみよう！

Subject: Visiting your office

Dear Ms. Johnson,

I plan to be in Chicago from July 10 through 24.

If you are in town, I would like to meet with you and discuss of the possibility of working with you on the AC project.

I am fully aware how difficult it is to adjust schedules on short notice, but I would appreciate it if you could meet me in the afternoon on either July 15 or 16.

I look forward to hearing from you.

Best wishes,
Mariko Ishigaki

* If you are in town「あなたの本拠地であるシカゴにいるのなら」
* meet with A「Aと約束して会う／Aと会談する」
* on[at] short notice「知らされてからすぐに／急に」（米語では "on"を使うことが多い）

件名：貴社への訪問

ジョンスン様

7月10日から24日にかけて、シカゴへ出張予定です。

できればその間にお目にかかり、ACプロジェクトの共同開発の可能性を話し合いたいと考えております。

急なスケジュール変更は難しいことは承知しておりますが、7月15日か16日の午後にお会いできればたいへんありがたいのですが。
ご連絡お待ちしております。

敬具
石垣眞理子

　署名については、会社であればたいてい定型フォーム
があwrますが、自分で作る場合は以下の点を押さえてお
きましょう。

赤川正悟 Shogo AKAGAWA……①

BBJシステム PRマネージャー

〒151-0053 東京都渋谷区代々木6−7−8……②

PR manager, BBJ System Co. Ltd

6-7-8 Yoyogi, Shibuya-ku, Tokyo 151-0053 Japan

電話：03-4567-0001（直通）……③

Tel:03-4567-0001（direct）

s.akagawa@bbjsystem.jp

URL: http://www.bbjsystem.jp

❶氏名と性別

　姓名の区別を明確にしたい場合は、姓を大文字にして
もよいでしょう。日本語表記の場合、〈姓＋名〉の順な
ので、それにならって AKAGAWA Shogo のようにし
ている人もいます。性別を明確にしたいと思ったら、カ
ッコ内でMr.／Ms.を表記します。

　（例）Shogo AKAGAWA（Mr.）

　（例）SUZUKI Aki（Ms.）

❷住所と連絡先

東京都渋谷区代々木6−7−8の場合、〈丁目・番・号〉の順であらわし、そのあとで、6-7-8 Yoyogi, Shibuya-ku, Tokyoとします。

043 ……のメールです。

I'm writing ...

　日本のメールの書き出しでよく見かける「いつもお世話になっております」「お疲れさまです」などの決まり文句は英文メールでは一般的ではありません。

▶ Thank you for your reply.
　（お返事ありがとうございました）

▶ Thank you for your message.
　（ご連絡ありがとうございました）

　このような一文をおくことで、本題に入りやすいのであれば、使ってもいいでしょう。

　私がみなさんにおすすめするのは以下のフレーズです。

▶ I'm writing ...（……のメールです）

　「……を伝えようとしてメールを書いている」という決まり文句です。

▶ I'm writing to ask about your company's products and services.
　（貴社の製品とサービスについての問い合わせメールです）

▶ I'm writing to thank you for the cordial reception you extended to me when I visited your office yesterday.
　（昨日、御社をお訪ねした際には、心温まる歓待をしていただき、誠にありがとうございました）

Subject: Apologies

Dear Ms. Griffin,

I'm writing to apologize for the poor service you received during your recent visit to our store. Please accept my sincere apologies for any inconvenience this may have caused you.

We take all customer complaints seriously, and we are taking steps to ensure that we provide excellent customer service at all times.

As a gesture of our apology, we would like to offer you a 20% discount, which we hope will make up for the inconvenience you experienced.

We hope to have the opportunity to serve you better in the future.

Sincerely,
Yumi Kato
Store manager, CCD Azamino

* complaint「クレーム／苦情」
* take steps「措置を講じる」
* ensure「保証する／確実にする」
* at all times「常時／いつなんどきでも」
* make up for A「Aの埋め合わせをする」

件名：お詫び

グリフィン様

先般、弊店にお越しくださった折、弊社スタッフの対応で不快なお気持ちにさせてしまったことのお詫びメールをしたためております。当方のおかけした不手際を心よりお詫び申し上げます。

当社はお客さまのクレームはすべて真摯に受けとめ、日々サービス向上のために誠意をもって対応しております。

お詫びといたしまして、20％の値引きをして、ご不便をおかけした補償とさせていただきたく存じます。

末永くご愛顧くださることを願っております。

敬具
加藤由美
CCDあざみ野 店長

044 ……するためのメールです。

This is to ...

どういった内容のメールなのかを明らかにするフレーズを覚えましょう。

▶ **This is to let you know about the online meeting.**
（オンラインミーティングについてお知らせします）

* This is to let you know... 「……をお知らせします」

▶ **This is to confirm what we discussed on the phone.**
（電話で話し合ったことの確認メールです）

使ってみよう！

Subject: Final meeting on the Mitaka Project

....

Dear Ms. Gordon and Mr. Warren,

This is to let you know about the final meeting.

I would like to arrange a meeting for the three of us to talk about the Mitaka Project.

We need to make agreements by the end

October in order to make a final decision on the project by November 22.

Please let me know your preferred date, time, and location.

Best regards,
Maki Satoh

件名：三鷹プロジェクトの最終会議

ゴードン様、ウォレン様

最終会議についてのご連絡です。

三鷹プロジェクトに関する会議を、われわれ３人で設定したいと考えております。

最終決議を11月22日までに得るには、10月末までには合意案をつくる必要があります。

お二人のご希望の日時と場所をご連絡ください。

よろしくお願いいたします。
佐藤万紀

045 ……したいと思っております。

I[We] would like to ...

　メールでは、want to（……したい）の丁寧表現であるwould like to（……したいと思っております）を使うことをおすすめします。

▶ We would like to have a meeting to confirm the details.

（詳細を確認するための打ち合せをしたいと思っております）

▶ We would like to work with you on the sales promotion.

（貴社と共同で販促をしたいと思っております）

使ってみよう！

> Subject: Meeting proposal
>
> ----
>
> Hi everyone,
>
> Thank you all for your work on this project.
>
> It seems that the team isn't communicating well, so I'd like to have a meeting to confirm the details.

> Please take a look at the attached agenda.
> If you have any questions, please email me.
>
> Daiki Matsushita

＊agenda「議題／検討課題」

件名：ミーティングの提案

皆様

本プロジェクトへのご協力ありがとうございます。
チーム内での意思疎通がうまくできていないようですので、
詳細を確認するための会議を催したいと思っております。
アジェンダを添付したのでご確認ください。
ご質問があれば、メールをください。

松下大紀

046 できましたら ……していただきたいのですが。

Perhaps you could ...

　この"perhaps"は「たぶん」ではなく、「できれば」にあたり、"Perhaps you could..."で丁寧な提案や依頼をあらわします。

　相手と会う約束を取りつけたい。そんなときは次のように書きます。

▶ **Perhaps you could let me know what days you are available.**

（できましたら、ご都合のつく複数の候補日をお知らせください）

＊ available「手がすいている／時間の余裕がある」

使ってみよう！

Subject: Invitation to preliminary discussion

Dear Ms. Anderson,

We are impressed by the detailed proposal you sent.

We would like to invite you to a preliminary discussion with our research department.

Perhaps you could let me know a few dates and times during the second week of May when you might be available.
If it is more convenient for you, I can visit your office.

Sanami Inoue

* a few dates and times「複数の日時」
* If it is more convenient for you「そのほうが都合がよいなら」

件名：事前打ち合せのご提案

アンダースン様

ご送付いただいた詳細な提案書に心を動かされました。

つきましては、弊社のリサーチ部門との事前打ち合せにご足労いただきたく存じます。
できましたら5月の第2週で、ご都合のよろしい日時をいくつかお知らせいただけますでしょうか。
御社のオフィスにお伺いしたほうがよろしければ、そうさせていただきます。

井上沙波

047 ……は以下のとおりです。

... is (listed) below. ／ Below is ... ／
Here is ... ／ ... is as follows.

　紹介文や説明文の冒頭に用いる定番表現です。"... is (listed) below. ／ Below is ..." を使った文には次のようなものがあります。

▶ **Details of the new product are (listed) below.**
　（新しいプロジェクトの詳細は下記のとおりです）
　＊ "listed" はしばしば省略されます。

　また、次のような用法もあります。

▶ **For more information, see below.**
　（詳細は下記をごらんください）

▶ **See the table below.**
　（下記の表を参照のこと）

▶ **Please click the link below at 10:30 to join the meeting.**
　（10時30分になりましたら、以下のURLをクリックして会議にご参加ください）

▶ **Our quotation is as written below.**
　（弊社の見積もりは下記になります）

▶ **The products below are out of stock.**
　（下記の商品は在庫切れです）

▶ **Available in the sizes below.**
　（下記のサイズをそろえてあります）

▶ The topics below were discussed in yesterday's meeting.
（以下の議題が昨日のミーティングで議論されました）

次は、〈Here is ...〉です。……部がこの構文の主語になります。……部に単数名詞が入れば"is"に、複数名詞が入れば"are"になります。

▶ Here are some examples.
（こちらが見本になります）

▶ Here are my questions.
（ここからが私の質問です）

▶ Here are the minutes from yesterday's meeting.
（以下が昨日の会議の議事録です）
＊ the minutes「会議録／議事録」

最後は、〈...is as follows;〉です。

▶ Next month's schedule is as follows:
（来月のスケジュールは以下のとおりです）

▶ The dates for the events are as follows:
（イベントの日程は下記のとおりです）

▶ The changes to the prices are as follows:
（価格の変更は以下のとおりです）

使ってみよう！

Subject: Meeting with Mr. Palmer

Dear Japan Market Team Members,

Good morning.

Mr. Palmer would like to have a Zoom meeting to exchange opinions regarding the sales results by area.

Could you please let me know your availability at the following times by Tuesday the 4th at 10:00?

Below are the convenient dates and times for Mr. Palmer.

May 10 〔Mon〕 10:00-12:00
May 12 〔Wed〕 10:00-12:00 or after 4 p.m.
May 13 〔Thu〕 10:00-12:00 or after 3 p.m.

Best wishes,
Mikiko Kuramoto

＊ have a Zoom meeting「Zoomを使ってオンライン会議をする」

件名：パーマーさんとのミーティング

日本市場チームのみなさまへ

おはようございます。

パーマーさんが各地域における販売実績に関する意見交換のためのZoom会議をしたいそうです。

4日火曜日の10時までに、下記日程のご都合をお聞かせください。

パーマーさんの都合がいい日程は以下のとおりです。

5月10日 （月）10：00〜12：00
5月12日 （水）10：00〜12：00、もしくは午後4時以降
5月13日 （木）10：00〜12：00、もしくは午後3時以降

以上、よろしくお願いいたします。
倉本美紀子

048 ……を添付しました。

**I have attached ... ／ Attached is ... ／
I'm sending you ...**

　ここでは使いやすいビジネスメールのテンプレート（雛型）をお見せしているわけですが、なかでも以下のフレーズはとりわけよく使われる表現です。

▶ **Regarding the conference on August 7, I have attached the agenda.**

　（8月7日の会議に関しまして、議題項目を添付しました）

　「添付」に関する以下の表現もあわせて覚えておきましょう。

▶ **For details, please find the attached file.**

　（詳しくは添付ファイルをご確認ください）

　　* find [see／check／confirm] the attached file「添付ファイルを確認する」

▶ **Attached is the latest catalog of our products.**

　（添付したのは、当社の製品の最新カタログです）

　　* Attached is + 主語「添付したのは……です」（受動態の倒置文）

▶ **I am resending, as I forgot[neglected] to attach the file in the previous message.**

　（先ほどのメールで、ファイルを添付し忘れましたので再送いたします）

> Subject: Marketing Positioning Meeting
>
> ---
>
> Dear All,
>
> I'm sending the link for the meeting planned on the 26th.
>
> Please click the link at the scheduled time.
> https://www.meets.goto.com/hdf-2j5
>
> Date: September 26
> Time：10:00-12:00 （JST）
> Duration: Two hours
>
> I have attached the Power Point presentation materials illustrating our marketing positioning for Project K.
> I'm looking forward to seeing you then.
>
> Best regards,
> Osamu Takahashi

件名：市場ポジショニングのミーティング

皆さんへ

26日に予定されている会議のリンクをお送りします。

当日、時間になったらリンクをクリックしてください。
https://www.meets.goto.com/hdf-2j5

日にち：9月26日
時間：10時〜12時（日本時間）
所要時間：2時間

プロジェクトKに関する弊社の市場ポジショニングを説明した
パワーポイント資料を添付しました。
当日、お目にかかるのを楽しみにしています。

よろしくお願いいたします。
髙橋 理

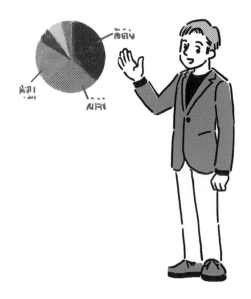

049 略語

SNSやチャットでも使えるカジュアルな表現

　ビジネスメール、SNS、チャットなどではカジュアルな略語がたくさん用いられています。とりわけASAP／BTW／FYIなどはビジネスシーンの現場でもよく使われている略語です。わずか数文字で用件や気持ちを伝えられるため、忙しい現代人にはとっても便利です。ぜひ使いこなしてください。

略語一覧

▶ **ASAP**（＝as soon as possible）「なるべく早く」
▶ **B/C b/c bc bec**（＝because）「だから」
▶ **BTW**（＝by the way）「ところで」
▶ **e.g.**（＝for example）「例」
▶ **ETA**（＝estimated time of arrival）「（荷物などの）到着・予定時刻」
▶ **FAQ**（＝frequently asked questions）「よくある質問」
▶ **FYI**（＝for your information）「参考までに」
▶ **FYR**（＝for your reference）「参考までに」
▶ **i.e.**（＝id est ラテン語／that is）「すなわち」
▶ **info**（＝information）「情報」
▶ **NRN**（＝no reply necessary）「お返事はいりません」
▶ **TBA**（＝to be announced）「後日通知します」
▶ **TBC**（＝to be confirmed）「確認中」

- ▶ **TBD**（＝to be determined）「まだ未定です」
- ▶ **WIP**（＝work in progress）「進行中／ただ今やっています」
- ▶ **YOY**（＝year on〔over〕year）「前年度比」
- ▶ **IMO**（＝in my opinion）「私の意見では」
- ▶ **LMK**（＝let me know）「お知らせください」
- ▶ **WFH**（＝work（ing）from home）「在宅勤務中です」

第4章

「仕事の進捗」をたずねる

050 新しいポストはどうだい？

How do you like your position?

    "How do you like ...?"は「……はどうですか？／……はいかがですか？」を意味する定番フレーズ。後ろに"your position"をおけば、新しいポスト（役職）にやりがいを感じているかどうかをたずねる表現になります。相手がいまの地位をどう思っているかをたずねることは相手を気遣っていることなので、相手との距離を縮めることにもなります。

使ってみよう！

▶ A：How do you like your position?
    （新しいポストはどうだい？）

  B：I was assigned to this department 6 months ago. Actually, in the beginning, I was a bit overwhelmed. But I feel more comfortable now.
    （半年前にこの部署に配属され、実のところ、最初はちょっとたいへんでしたが、いまはやりやすくなりました）

＊be assigned to A「Aに配属される」
＊in the beginning「最初は／はじめのうちは」
＊be overwhelmed「（仕事の量やストレスで）まいっている」
＊feel comfortable「居心地がいい」

051 ……はいかがですか？

How's ...?

　シンプルな言いまわしですが、社交上きわめて重要な表現です。逆に、"How's ...?"とたずねられたときはどのように答えたらいいのでしょうか。そこへも注意を払って、以下のやりとりをごらんください。

使ってみよう！

▶ A : How's business?
（ビジネスのほうはどうですか？）

　B : Not bad.
（まあまあっていうところですね）

▶ A : How's everything?
（どうですか、調子は？）

　B : Pretty good.
（まずまずです）

　"How's business?"はビジネスパーソンが別のビジネスパーソンに仕事の調子をたずねるときの表現です。"Not bad."のほかPretty good.／Good.／Great.／Couldn't be better.などと答えることもあります。

　"How's the[your] family?"（ご家族の皆さんはお元気ですか？）とたずねられた場合は、"They are good."の後ろに、"Thanks for asking."とか"Thanks."とつけ加えるのがマナーです。

052 ……はどうでしたか？

How was ...? ／ How did ... go?

ビジネスにおける成果や結末は、良くても悪くても知っておきたいものです。結果が思わしくない場合は、助言をしたり、次の対策を講じなくてはなりません。そのためにも、このフレーズはぜひ覚えておいてほしいものです。

"go"は「（事が）進展する／運ぶ」で、"How did ... go?"は「結果」をたずねるときの決まり文句です。

使ってみよう！

▶ **How was the meeting?**
（会議はいかがでしたか？）

▶ **How was your (business) trip?**
（出張はいかがでしたか？）
*business trip「出張」

▶ **How did negotiations go?**
（交渉はどうだった？）

▶ **How did the presentation go?**
（プレゼンはうまくいった？）
*presentation「プレゼン（テーション）／説明発表」

053 ……の進捗状況はどうですか？

How's ... going?／
How's ... coming along?

　仕事の当事者同士では、お互いが仕事の進捗（しんちょく）状況を明確に把握している必要があります。ここでは、仕事が進行している（go）様子や、はかどっている（come along）具合をたずねるフレーズを覚えましょう。

使ってみよう！

▶ A：How are negotiations going?
　　（交渉はうまくいっている？）

　B：Everything's going OK.
　　（万事順調です）

▶ A：How's the new design coming along?
　　（新しいデザインのほうは進んでいる？）

　B：It's coming along.
　　（うまくいってます）

▶ A：How's the prototype coming along?
　　（試作品の進捗状況はどうだい？）

　B：We're almost done.
　　（もうほとんど終わりました）

＊prototype「試作品」
＊done「終わって」（形容詞）

054 何を……したいですか？

What would you like to ...?

　相手の願望や意向をたずねるときのフレーズです。
"would like to"は、want to（〜したい）の丁寧表現
です。"What do you want to ...?"では丁寧さが感じ
られません。

　また、ひとつひとつ単語を切って発音するのではなく、
音をつなげて〔ワウジュライクトゥ〕のように一気に読
みましょう。

使ってみよう！

▶ **What would you like to know?**
　（ご用件は何でしょうか？）

▶ **What would you like to see while you're in town?**
　（こちらにいるあいだ、何か見たいものがありますか？）

▶ **What would you like to discuss first?**
　（まず何から議論しましょうか？）
　*discuss A／talk about A「Aについて話し合う」
　*first「最初に」（副詞）

▶ **What would you like to try in the future?**
　（今後はどんなことに挑戦してみたいですか？）

055 よく……するのですか？

How often do you ...?

　ものごとが発生する回数や習慣的な頻度をたずねるときの決まり文句です。なお、この表現は具体的な回数が期待されるので、often／always などの漠然とした返事は避けて、具体的な頻度や回数を示すようにしましょう。

使ってみよう！

▶ **A：How often do you cycle to work?**
　　（よく自転車通勤をするのですか？）

　B：Actually, today was my first time.
　　（じつはきょうが初めてなんです）

＊cycle to work「自転車通勤する」

▶ **A：How often do you work overtime?**
　　（残業はよくするんですか？）

　B：Not often, less than once a month.
　　（よくはしません。月に１回もないです）

＊work overtime「残業する」

▶ **A：How often do you work from home?**
　　（よく在宅勤務をするのですか？）

　B：About once or twice a week.
　　（だいたい週に１、２回です）

＊work from home「在宅勤務をする／テレワークをする」

056 ……には慣れていません。

I'm not used to ...

　「……に慣れている」は、"be used to" というイディオムを使います。この "used" は「慣れている」という意味の形容詞で、"accustomed" とほぼ同じ意味をもちますが、"used" のほうが "accustomed" よりも口語的です。また、この "to" は前置詞なので、後ろには動名詞（～ing「～すること」）、もしくは名詞をおきます。"used to" の発音にも注意してください。〔ユーストゥ〕と発音します。

使ってみよう!

▶ I'm used to dealing with difficult customers.
　（やっかいな客のあしらいには慣れています）
　*deal with difficult customers「気難しい客に対応する」

▶ I'm used to it. Just leave it to me.
　（そういうのには慣れているから、私に任せて）
　*leave A to B「AをBに任せる／AをBに委ねる」

▶ I'm not used to using a Mac.
　（マックは使い慣れていません）

▶ I'm not used to Zoom meetings.
　（ズーム会議には慣れていません）

057 最初のうちは……だけれど〜

At first ..., but〜

"at first"は、のちの状況と対比させて用いるときの表現です。"at first"で文を始めると、ネイティブは"but"が自然に頭の中で用意されます。とはいえ、ときに"but"以下はわかりきっているため、口に出して言わないこともあります。

使ってみよう!

▶ At first it was hard, but then I got the hang of it.

（最初のうちは難しかったけど、コツがつかめたよ）

＊get the hang of A「Aのコツをつかむ」

▶ A：How're you fitting in?

（どう、仕事には慣れた？）

B：At first I had trouble fitting in, but now I have lots of friends.

（はじめのうちはなかなか溶け込めませんでしたが、いまは友だちがたくさんできました）

＊fit in「溶け込む／調和する」

▶ Oh, hi, Ben! You look so different that I didn't recognize you at first!

（やあ、元気か、ベン！　あまりに変わっちゃったんで、最初はわからなかったよ）

058 めったに……しません。

I rarely ... ／ I hardly ever ...

「めったに〜ない」というと、日本人は“seldom”という単語を使いがちです。しかし、“seldom”は古くさい単語なので、日常会話でネイティブが“seldom”を使うことはめったにありません。

“rarely”はスタンダードな表現です。日本語にしたら、「ごくまれにしか〜しない」に近いように思われます。ビジネスシーンでは頻繁に用いられています。

“hardly ever”は最もカジュアルな表現です。同僚や仲間との会話では、この表現を使うことをおすすめします。

使ってみよう!

▶ I rarely work late.
（ごくまれにしか残業しません）

▶ I rarely use my name stamp at work.
（仕事で印鑑を使うことはめったにありません）
　*name stamp「印鑑」（personal stamp／official stamp と言うこともあります）
　*at work「仕事中（に）」

▶ I hardly ever go out for lunch.
（外で昼食をとることはほとんどありません）

059 ……を教えて。

Let me know ...

"Let me ..."は許可や容認を求めるときの丁寧な言いまわしです。「知らせてほしい／教えてほしい」と依頼するときは"Let me know ..."を用います。質問があるかどうか、あるいは条件や機会を提示するときなどにも使われます。

使ってみよう!

▶ **Let me know when the meeting is over.**
（会議が終わったら教えてください）
*over（形容詞）「終わって／済んで」

▶ **Let me know if you have any questions.**
（何か質問あれば遠慮なくどうぞ）

▶ **Let me know if you need help.**
（力になれることがあれば言ってください）

▶ **Let me know as soon as possible.**
（できるだけ早く教えてください）
*as soon as possible「できるだけ早く」（"ASAP"と言うこともあります。〈エイエスエイ**ピー**〉と読むのが一般的ですが、なかには〈**エイ**セァップ〉と言う人もいます）

……をご存じでしたか？

Did you know ...?

おそらく読者のみなさんはこのフレーズを見て、なにをいまさら、と思ったにちがいありません。しかしながら、"Do you know...?" と "Did you know...?" の違いを知っている人 はごくわずかです。

"Do you know...?" は、自分が知らない知識や情報をたずねるときの言いまわしです。

▶ **Do you know how to use this product?**
（この商品の使い方をご存じですか？）

いっぽう、"Did you know...?" は、自分が知っている知識や情報を相手が知っているかどうかをたずねるニュアンスを含むのです。以下の例文で確認してください。

使ってみよう！

▶ **Did you know HIJ went out of business?**
（HIJ が倒産したって知ってる？）
＊go out of business「廃業する／倒産する」

▶ **Did you know sales are up, but the profit margin is shrinking?**
（売上はアップしたのに、利益率は縮小しつつあるということをご存じでしたか？）
＊profit margin「利益率」
＊shrink「縮小する」

061 納期は2週間後です。

The deadline is in two weeks.

　仕事をしていれば、さまざまな「納期」や「締め切り」があります。それを英語では"deadline"であらわします（「納期」はthe deadline for delivery ／ the delivery dateですが、これも"deadline"ですませてしまいます）。

　"in"は現在を起点にして、「（今から）〜後」をあらわす前置詞です。

使ってみよう!

▶ A：The delivery date is in two weeks.
　　（納期は2週間後だ）

　 B：We have to meet the deadline.
　　（納期にちゃんと間に合わせなくっちゃ）

　＊meet the deadline「納期に間に合わせる」

▶ I'm sorry. We missed the deadline.
　（申し訳ありません。納期に遅れてしまいました）

　＊missed the deadline「納期に遅れる」

▶ A：Why aren't you working on your project?
　　（どうしてプロジェクトに取り組まないの？）

　 B：Because the deadline is in two weeks.
　　（納期は2週間後なんだ）

062 半分終わった。

I'm halfway done.／
It's halfway done.

　仕事の半分が片づき、今後の見通しが明らかになると、ホッとするものです。この"done"は「終わって」という意味の形容詞で、〈人〉を主語にすることもありますし、〈こと〉を主語にすることもあります。

　逆に、半分しか終わっていないことを嘆く場合は、

▶ Ugh. I'm only halfway done.
　（ああ、まだ半分しか終わっていない）

と"only"をつけて表現します。

　終盤にさしかかっているのなら、

▶ I'm almost done.
▶ I'm nearly done.

と言います。いずれも「そろそろ終わりだ」の意味です。

使ってみよう！

▶ A：Yay! I'm halfway done.
　　（よし！ 半分終わった）

　 B：Wow! You're working pretty fast!
　　（マジで！　すごいスピードね）

＊Yay!「よし！／よっしゃ！／わーい！」
＊work pretty fast「すごいスピードで仕事をこなす」

063 まだ仕事が残っている。

I still have work to do.

とっくに退社時間を過ぎ、あたりを見渡すと……同僚たちはほとんどいません。あなたは、

▶ Ugh. I still have work to do.
（ああ、まだ仕事が残っている）

とぼやきます。

こんどは仕事量を具体的に言ってみましょう。

▶ I have one more thing to do.
（あとひとつ残ってる）

▶ I still have lots of things to do.
（まだたくさん残ってるなあ）

ここで注意してほしいのは、I have one more work to do.／I still have lots of works to do. などとしないということ。「仕事」という意味での"work"は「数えられない名詞」です。したがって、数に言及する場合には"thing(s)"という「数えられる名詞」を使います。

使ってみよう！

▶ A：It's 6:00. Time to go home!
（6時だ。帰宅するとするか！）

　B：I can't. I still have work to do.
（こっちは帰れないよ。まだ仕事が残っている）

＊（It's）Time to go home.「帰宅する時間だ」

064 予定より遅れてるなあ。

I'm behind schedule.

　仕事が予定より遅れてしまっている。そのような状態を "behind schedule" で言いあらわします。

　以下の表現もチェックしましょう。

▶ I'm ahead of schedule.
　（予定より早く進んでいる）

▶ I'm right on schedule.
　（ちゃんと予定どおりに進んでいる）
　*right「ちょうど」（副詞）

　前置詞に注目して、以下の3通りの言いまわしを覚えましょう。

▶ behind schedule「予定より遅れて」

▶ on schedule「予定どおりに」

▶ ahead of schedule「予定より進んで」

使ってみよう！

▶ A：Aren't you going to stop for lunch?
　　（お昼の休憩とらないの？）

　B：I can't. I'm behind schedule.
　　（うん。仕事が遅れてるんだ）

*stop for lunch「仕事を中断してお昼をとる」

065 集中!

Stay focused!

　頻繁に電話が鳴る。同僚がちょくちょく話しかけてくる。気が散って集中できない。

▶ Don't get distracted!
（気を散らせないでよ！）

▶ I can't focus.
（集中できない）

▶ I can't concentrate.
（集中できない）

　こんなふうに叫びたくなります。

　しかし、集中したいと意気込むほど集中できません。そんなときは、否定的な言葉を吐くのではなく、"Stay focused!" と自分に向かって言ってみましょう。

使ってみよう!

▶ A : Are you making progress?
（進んでる？）

　B : Not really. I can't concentrate with all this noise. I need to stay focused!
（あんまり。うるさくって集中できないんだ。集中、集中！）

＊make progress「（ものごとが）進行する」

第5章

上手に「相づち」を打とう

066 そのとおりです。

Right. ／ That's right.

　相づちはコミュニケーションの潤滑油ですが、連発しすぎると逆に癪にさわることがあります。

　日本人は、英米人に比べると、相づちの頻度が高いことをご存じでしょうか。日本人の場合、「へえ……はあ……ハイハイ……そうなんだ……」と相づちを打って、相手の話を聞いているというサインを頻繁に出し合って、会話が成り立っていることを確認する習慣があります。それを英語での会話にも持ち込んで、Uh-huh.（うん）／Right.（そう）／Oh, really?（ほんと？）／Yes.（そうですね）と、さかんに繰りだしてしまうのです。ひっきりなしに発せられる相づちは、英語国民にとっては「会話の障害物」（conversation stoppers）になってしまうおそれがあります。相手の発話がいったん終わったところで相づちを打つように心がけましょう。

使ってみよう！

▶ A：We don't have to go to the conference?
　　（僕たちは総会に出なくてもいいんだよね）

　B：Right. But you can if you want to.
　　（うん。でも、出たければ出たら）

＊don't have to ...「……する必要はない」
＊conference「（通常、数日間続く）総会／大会／会議」

067 そうだよね。

I know.

「同意」や「共感」をあらわすときに用いる便利な表現です。日本語の「そうだよね／そのとおり／ほんとにね／わかるわかる」などにあたります。TVを見ていて、あるコメンテーターと同じ意見だったとしたら、次のようにつぶやきます。

▶ I know. I've been saying that for years.
（そのとおり。それ、ずっと私が言ってきたことよ）

"know"は強く、また長く発音され（stressed and elongated）ます。また、"I know. I know."のように2回くりかえして用いることもあります。

使ってみよう!

▶ A : It's ¥10,000 each! That's so expensive.
（ひとつ1万円だって！　高すぎるよ）

B : I know.
（そうよね）

▶ A : We're going to have to negotiate a better price.
（うちはより有利な価格で交渉をすべきだよ）

B : I know. I know.
（まったくそのとおりね）

＊negotiate a better price「より有利な価格で交渉をする」

068 了解しました。／そうさせてもらうね。

Will do.

　日本人は了承や承諾するときに、「いいですよ」とか「了解しました」と言いますが、英語では"Will do."がこれにあたります。

　"I'll do that."の縮約形ですが、くだけた会話では"Will do."と言ってしまいます。社員がきびきびと働くオフィスではよく耳にするフレーズです。日本人の場合、へりくだって「そうさせてもらいます」と述べることがありますが、英語ではそんなときも"Will do."で済ませてしまいます。

使ってみよう！

▶ A：I need you to conduct a survey on this issue.
　　（この件について調査してほしいんだが）

　B：Will do.
　　（了解しました）

＊conduct a survey on A「Aに関して調査をする」
＊issue「（決着を迫られている）問題」

▶ A：Call me if you have any questions.
　　（質問があったら、電話して）

　B：Will do.
　　（そうさせてもらうね）

069 ……、つまり〜

..., I mean, 〜

　言ったことを訂正したり、説明をつけ加えたり、場合によっては言いよどんだときの"間"を埋めるときに用いる口語表現です。日本語の「というか」「つまり」「えーと」などにあたりますが、軽い感じの「つまり」で覚えておけば使いこなせるはずです。

使ってみよう！

▶ **She is a stewardess, I mean, a flight attendant.**
（彼女はスチュワーデス、じゃなくて客室乗務員です）

▶ **Gary's more of an expert than me. I mean, he's got all that experience.**
（ゲイリーは僕なんかより専門家なんだ。つまり、そういった経験が豊富だってこと）
＊be more of a ...「（資質を述べて）より……らしい」（be much of a ... の比較級表現です）

▶ **You can't really say she's wrong. Um ... I mean, know what I mean?**
（彼女が悪いとは断言できないよ……つまりその、僕が言っていることがわかるでしょ？）
＊(You) Know what I mean?「（私の言おうとしていることが）わかるでしょ？」

070 というか、……

Actually, ...

"Actually, ..." は、「いや、というか……」という意味で、「これから意外なことを言います」という合図になる前置き表現です。書き言葉では、in fact（じつは）や as a matter of fact（実際のところ）を使うのがふつうです。

また、勧誘や依頼を丁寧に断るときの前置きとしてもよく用いられます。その場合は「じつは……／せっかくだけど……」に相当します。

使ってみよう！

▶ A：I heard the contract negotiation collapsed.
（契約がポシャったんだって）

　 B：Actually, we refused it.
（というか、こっちが断ったんだ）

＊collapse「（契約や計画などが）つぶれる／ポシャる」

▶ She looks 30, but she's actually 55.
（彼女は30歳に見えるが、実際は55歳だ）

▶ A：Would you like to discuss this over lunch?
（ランチを食べながら話をしませんか？）

　 B：Actually, I have other plans.
（じつは先約がありましてね）

＊over lunch「ランチを食べながら」

071 そうでないといいんだけど。

I hope not.

I hope so.(そうだといいんだけど)はみなさんが使いこなしている表現です。しかし、I hope not.(そうでないといいんだけど/そうでないことを願うよ)となると、とたんに耳にする機会が激減します。なかには、日本語の発想からでしょうか、I don't hope so. といってしまう人もいますが、こうした英語表現はありません。"so" は that 節の代用、"not" は否定語を含んだ that 節の代用です。

使ってみよう！

▶ A : If you get promoted, will you get a raise?
　（昇進したら、給料があがるの？）

　B : I hope so.
　（そうだといいんだけど）

＊get promoted「昇進する」（get a promotion とも言います）
＊get a raise「昇給する」

▶ A : Will you have to take business trips next month?
　（来月は出張へ出かけるのよね？）

　B : I hope not.
　（行きたくないんだどね）

072 どうやら、そのようです。

I'm afraid so.

否定的な観測を述べたり、拒否や反対意見をやわらげたりするときに用いるのが"I'm afraid ..."です。「どうやら……」「せっかくですが……」「あいにく……」「残念ながら……」といったニュアンスがあります。

使ってみよう!

▶ A：Will that put us over budget?
（それだと予算オーバーになるの？）

B：I'm afraid so.
（どうやら、そのようですね）

*put A + 副詞句「Aを（ある状態に）する〔置く〕」
*over budget「予算オーバーで」（under budget「予算内で」）

▶ A：Are we making a profit yet?
（もう儲けが出てるかな？）

B：I'm afraid not.
（残念ながら、まだです）

▶ A：Can we afford to hire an assistant?
（アシスタントをひとり雇えるかな？）

B：I'm afraid not.
（無理ですね）

073 どっちとも言えないな。

Yes and no.

　日本語の「どっちとも言えないな」とか「さあどうかな」「なんとも言えないな」にあたる表現です。簡単に使いこなせるでしょうが、大切なことは、"Yes and no." と言ったあとで、理由や説明の言葉をつけ加えるということ。何も言わないでいると、「それってどういう意味？」とたずねられます。

使ってみよう！

▶ A : Are you satisfied with the new product?
　　（新しい製品はどう？）

　B : Yes and no. It cleans well, but the scent is too strong.
　　（どっちとも言えないわね。汚れはよく落ちるんだけど、においが強すぎるわ）

＊clean well「簡単にきれいになる」

▶ A : Do you like your new job?
　　（こんどの仕事は気に入ったかい？）

　B : Yes and no. I like what I do, but the hours are long.
　　（なんとも言えないな。仕事は気に入っているんだけど、長時間労働なんだ）

＊(working) hours「労働時間」

074 どうして？〈1〉
Why?／Why not?

"Why?"は使いこなせても、"Why not?"のほうはなかなか使いこなせていないようです。肯定文を受けて「どうして？」という場合は"Why?"を、否定文を受けて応じる場合は"Why not?"を用います。以下で練習してみましょう。

使ってみよう！

▶ A : I had to cancel my business trip.
（出張を取りやめにせざるをえないんだ）

B : Why?
（どうして？）

A : I had a schedule conflict.
（スケジュールが重なってしまってね）

＊schedule conflict「スケジュールのかち合い」

▶ A : He isn't qualified for the job.
（彼にその仕事をまかせられないな）

B : Why not?
（どうして？）

A : He doesn't have any work experience.
（だって、そもそも仕事をしたことがないんだよ）

＊be qualified for A「Aの資格がある」

＊work experience「就労経験」

075 どうして？〈2〉

How come?

　驚いて、理由や原因をたずねるときの言いまわしです。前頁で "Why?" と "Why not?" の違いについて説明しましたが、"How come?" は前文が肯定文であろうと否定文であろうと関係なく使えます。カジュアルな表現なので上司には使わないほうがよいでしょう。

使ってみよう！

▶ A : I have to talk to Linda.
　　（リンダと話してくる）

　 B : How come?
　　（どうして？）

　 A : She still doesn't know the project was approved by the majority of shareholders.
　　（プロジェクトが過半数の株主によって承認されたことを彼女は知らないんだ）

＊shareholder「株主」

▶ A : Don't give the new tenant the keys.
　　（新しいテナントに鍵を渡さないでね）

　 B : How come?
　　（なんで？）

　 A : He hasn't signed the lease yet.
　　（まだリース契約を結んでいないんだ）

076 まだです。

Not yet.

どんなシチュエーションでも使えます。しかしながら、"Yet." とだけ言うことはありません。かならず "Not yet." と言います。

使ってみよう！

▶ A : Are you finished inputting the data?
（データの入力は終わったの？）

B : Not yet.
（まだです）

＊Are you finished 〜ing?「〜し終えましたか？」
＊input data「データを入力する」

▶ A : Have you seen the sales figures?
（売上高を見た？）

B : Not yet. Are they good or bad?
（まだ。よかった？　悪かった？）

＊sales figures「売上高」（この "figures" は「数字」のことで、"numbers" ということもあります）

▶ A : Have you sent the client an estimate?
（クライアントに見積もりを送ったかい？）

B : Not yet. I'll do it right now.
（まだです。すぐにやります）

＊estimate〔**エ**スティメット〕「見積もり（書）」（名詞）

077 あと少し。

Almost.

「ほとんど＝almost」と覚えてしまうと、なかなか使いこなせません。"almost"は「到達点・限界点の"一歩手前"である」と覚えてはいかがでしょうか。

たとえば、It's almost a miracle that we didn't go bankrupt.（うちが倒産しなかったのは奇跡といってよい）は、「奇跡の一歩手前」であったと解するわけです。したがって、"Almost."といった場合、ある行為が完了する"一歩手前"であると考えられるため、「あと少し／もうちょっと」などと訳されるのです。

使ってみよう！

▶ A：Are you done updating the website?
  （ウェブの更新は終わった？）

  B：Almost. I just have a few more pages to change.
  （あと少し。数ページ変更するだけ）

＊Are you done 〜ing?「〜するのは終わりましたか？」
＊update a website「ウェブサイトを更新する」

▶ A：Have you finished installing the software?
  （ソフトのインストールは終わったの？）

  B：Almost. I should be done in 10 minutes.
  （もうちょっと。あと10分で終わる）

078 確かなことはわかりません。

I'm not sure.

"I don't know."（わかりません）は、相手にぶっきらぼうな印象を与えることがあります。そこで、ネイティブは「よくわからない」を "I'm not sure." であらわそうとします。また、"I'm not sure, but ..."（よくはわかりませんが……）とすれば、自分の考えを控えめに伝えることができます。

使ってみよう！

▶ A : Have they received our order?

（うちの注文、ちゃんと先方に届いたかな？）

B : I'm not sure. I'm waiting for a confirmation email.

（確かなことはわかりません。確認メールを待っているところです）

＊confirmation email「確認メール」

▶ A : Has our order been delivered?

（発注した商品はもう届いた？）

B : I'm not sure, but I can track the delivery status online.

（確かなことはわかりませんが、オンラインで配送状況を追跡してみます）

＊track the delivery status = 配送状況を追跡する

079 間違いない？

Are you sure?

　確認をしたり、念を押すときに "Are you sure?" を用います。直訳すれば、「あなたに確信がありますか？」ですが、「間違いない？／ほんとうなの？」といった日本語に相当するように思います。

使ってみよう！

▶ A : You can delete that file.
　　（そのファイルは削除していいよ）

　B : Are you sure?
　　（大丈夫？）

＊delete「削除する」

▶ A : You can go home. I'll finish that.
　　（もう帰っていいよ。あとは僕がやっておくから）

　B : Are you sure?
　　（ほんとうなの？）

▶ A : Are you sure about that?
　　（それってほんと？）

　B : Yeah. I'm positive.
　　（うん。間違いない）

＊I'm positive.「間違いない」（くだけた会話では "Positive." とだけ言います）

080 それはよかったね。

That's great! ／ That's terrific!

　同僚がいい仕事をとってきたときや困難な契約をまとめたときなどに、「それはよかったね」と称えるときの表現です。上に掲げたもののほかに、That's fantastic!／That's awesome!などと言うこともあります。

使ってみよう！

▶ A：I finalized a big contract today!
　　（きょうデカい契約をまとめたんだ！）

　 B：That's great! We should celebrate!
　　（そいつはすごい！　お祝いしなくちゃ！）

＊finalize a contract「契約をまとめる」

▶ A：I got the transfer I requested.
　　（希望していた転任が決まったんだ）

　 B：That's terrific!
　　（それはよかったね！）

＊request a transfer「転任を希望する」

▶ A：I got the job I applied for!
　　（就職が決まったよ！）

　 B：That's awesome! Congratulations!
　　（よかったね！　おめでとう！）

＊applied for A「Aを志願する」

081 ええっ!

No way! / Oh no!

　意外な知らせや悪いニュースを聞いたときにこのような声をあげます。そのあと、That's terrible! / That's awful! などの表現を続けることもよくあります。

使ってみよう!

▶ A：Have you heard? Bill got fired!
　　（聞いた？　ビルがリストラされたって！）

　B：No way! For what?
　　（ええっ！　どうして？）

＊get[be] fired「クビになる」

▶ A：His company had to file for bankruptcy.
　　（彼の会社、破産申請に追い込まれたんだ）

　B：No way! That's terrible!
　　（ええっ！　それは大変だ！）

＊file for bankruptcy「破産申請をする」

▶ A：There was a fire in the warehouse. Four people were injured.
　　（倉庫で火事があって、4人が負傷したんだ）

　B：Oh, no! That's awful!
　　（ええっ！　そりゃあ大変だ！）

＊warehouse「倉庫」

082 そんなことはないと思うけど。

Not that I know of.

質問に対して、「(自分の得ている情報から判断すると)そうではない」とか、「(私の知る限りでは)それはないと思います」と言うときに、ネイティブは "Not that I know of." という言いまわしを用います。

使ってみよう！

▸ A : Have there been any complaints about the product?
（商品のことでクレームはあった？）

B : Not that I know of.
（ないと思うけど）

▸ A : Should we get started? Is anyone else coming?
（そろそろ始めようか？　ほかに誰か来るの？）

B : Not that I know of.
（来ないと思うけど）

▸ A : Is there anything wrong with this device?
（この装置、どこか故障してる？）

B : Not that I know of.
（いや、それはないと思います）

*Is there anything wrong with A？「Aはどこか故障していますか？」

083 それは残念でしたね。

That's too bad. ／ That's a shame.

　悪い知らせを聞いたときに、このように応じます。他人への同情、もしくは自身の落胆をあらわします。「それは残念だ／それは気の毒だ」にあたります。気持ちを込めて言うようにしてください。

　この"shame"は「恥ずかしさ／恥」ではなく、「残念なこと／不運なこと」です。この意味では冠詞の"a"をつけて、かならず"a shame"とします。

使ってみよう！

▶ A：The deal I was working on fell through.
　　　（進めていた取引がだめになってしまったんだ）

　B：That's too bad.
　　　（それは残念だったね）

＊work on A「Aに取り組む／Aを手がける」
＊fall through「だめになる／失敗する」

▶ A：James is quitting at the end of the month.
　　　（ジェイムズが今月で辞めるんだって）

　B：That's a shame. I'm going to miss him.
　　　（残念だね。淋しくなるな）

＊miss「いなくて淋しく思う」

084 うらやましいなあ！

Lucky you! ／ Must be nice! ／ I'm (so) jealous!

　「うらやましい／いいなあ」にあたる表現です（ときに皮肉で用いることがあります）。

　"Must be nice!" は「あなたはいいよね（それにひきかえ私は……）」というニュアンスを含みます。"jealous" は「ねたんだ」という意味の形容詞です。

使ってみよう！

▶ A：I'm off tomorrow.
（あしたは休みだ）

　B：Lucky you!
（いいなあ！）

▶ A：I have two weeks off in March.
（3月に2週間休みがあるんだ）

　B：Must be nice!
（いいよね、あなたは！）

▶ A：I'm taking a month off and going to Europe.
（1カ月休みを取って、ヨーロッパへ行くつもりなの）

　B：I'm so jealous!
（うらやましいよ、まったく！）

085 お仕事中すみませんが、……
Sorry to bother you, but ...

　誰かが何かに集中しているとき、中断をうながすことがあります。そのときに何の前置きもせずに切りだすことは失礼なので、このようなクッション表現を前置きします。bother（面倒をかける）が最も一般的だと思われますが、disturb（邪魔する）やinterrupt（さえぎる）を用いることもあります。

使ってみよう!

▶ Sorry to bother you, but you have a phone call.
（お仕事中、失礼します。お電話が入っているのですが）

▶ Sorry to disturb you, but a Ms. Suzuki is here to see you.
（お邪魔いたします。鈴木さんという女性がお見えになってますけど）
＊a Ms.[Mr.] Suzuki「鈴木さんという女性［男性］」

▶ Sorry to interrupt, but I have a question about what you just said.
（話の途中ですみません。いまおっしゃったことで、ひとつ質問があるのですが）

086 お忙しいところすみませんが、……

I know you're busy, but ...

いきなり用件を切りだすのではなく、「お忙しいところすみませんが」とクッション言葉を置いて依頼すれば、丁寧でやわらかい印象を与えることができます。また、"I know you're busy, so ..." とすれば、「忙しいだろうから……」になります。

使ってみよう!

▶ I know you're busy, but could you take a look at this?
（お忙しいところすみませんが、これ、ちょっと見てもらえますか？）

▶ I know you're busy, but can I ask you something?
（忙しいところ悪いんだけど、ひとつ聞いてもいい？）

▶ I know you're busy, but could you check these by the end of the day?
（忙しいところごめんね。今日中にこれをチェックしてほしいんだけど）

▶ I know you're busy, so I'll get to the point.
（忙しいだろうから、要点だけ言うね）
＊get to the point「要点を言う」

087 残念ながら、……

I regret to inform you that .../ I'm sorry to have to tell you this, but ...

言いにくいことを伝えなくてはならないときの2つ目のフレーズがこれです。いくぶんフォーマルな感じがします。

"regret ～ing"は「～したことを後悔する」ですが、"regret to do"は「残念ながら～する」です。

"I'm sorry to have to tell you this, but ..."は「こんなこと言うのはつらいんだけど……」というニュアンスで、いくぶん深刻な内容を伝えるときに用います。

使ってみよう！

▶ I regret to inform you that your contract won't be renewed.

（残念ながら、お客さまの契約の更新はできませんでした）

*be renewed「（契約が）更新される」

▶ A : I'm sorry to have to tell you this, but Dave isn't coming back. He quit.

（残念な知らせがあるの。デイヴはもう戻ってこないわ。彼、辞めたのよ）

B : I'm really sorry to hear that.

（悲しいなあ）

088 すみません。聞き取れませんでした。

I'm sorry,（but）I didn't catch that.

"sorry"は「すまなく思って」という意味の形容詞です。"I'm sorry"や"Excuse me"などの後ろに置かれる"but"は、ほとんど意味をもたずにつけ加えられることがあります。

相手の言ったことが聞き取れなかった場合、Sorry?／Excuse me?／Pardon? などと言ってもよいのですが、「えっ、何？」とぶっきらぼうに聞こえることがあります。"I'm sorry,（but）I didn't catch that." と言ったほうが丁寧さが増します。なお"catch"は「聞き取る／意味を捉える／理解する」の意味で、否定文もしくは疑問文で用いられます。

使ってみよう！

▶ A：I can agree with that only with reservations.

（それには条件つきで賛成します）

B：I'm sorry, but I didn't catch that. Could you say that again?

（すみません。聞き取れませんでした。もう一度おっしゃっていただけますか？）

＊with reservations「条件つきで／留保つきで」

089

すみません、おっしゃっていることが
よくわからないのですが。

**I'm afraid I don't fully understand
(what you mean).**

　相手の言ったことが聞き取れず、曖昧なままやり過ごしてしまうと、あとで誤解を生むことにもなりかねません。信頼を失うリスクさえあります。一対一の会話では、わからないところがあったら、このように言ってみましょう。"I'm afraid ..." は不愉快に思われそうな発言をやわらげるときの言いまわしで、ビジネスシーンには欠かせない表現です。"I'm sorry,（but）..." とほぼ同じような意味で用いられます。

使ってみよう!

▶ A : Annual revenue remains flat ...
　　（年間の売上高は横ばいで……）

　 B : Excuse me. I'm afraid I don't fully
　　　understand what you mean.
　　（ちょっとすみません。おっしゃっていることが
　　　よくわからないのですが）

＊annual「1年間の」
＊remain「～のままである」
＊flat「横ばい状態で」

……をご了承ください。

Please be aware that ...

"aware"は「認識している」という意味の形容詞です。"Please be aware that ..."の形で、情報を提供したり、決めごとを告知したりします。「(あらかじめ)……をご了承ください／……にご留意ください」にあたります。

使ってみよう!

▶ Please be aware that visitors must wear I.D. badges at all times.

（来訪者はIDバッジをつねに着用していただくことになっております）

＊at all times「常時／いつでも」

▶ If you're coming to Japan, please be aware that you must have a valid visa.

（日本への入国はビザが有効であることが条件になります）

＊varid「有効な／効力のある」

▶ Please be aware that items cannot be returned without a receipt.

（商品の返品にはレシートが必要となりますのでご留意ください）

＊be returned「返品される」

第6章

「自分の意見」をきちんと伝える

091 ……を楽しみにしています。

I'm looking forward to ...

　口頭であれメールであれ、「……するのを楽しみにしています」は"I'm looking forward to ..."というフレーズであらわします。この"to"は前置詞なので、後ろに動詞をおきたいときは〜ing（動名詞）にします。

使ってみよう！

▶ I'm looking forward to meeting you.
（お目にかかれるのを楽しみにしています）
＊meet「（初対面で）会う」

▶ I'm looking forward to seeing you again.
（またお目にかかれるのを楽しみにしています）
＊see A again「Aにふたたび会う」（2回目以降の「会う」は"see"を使います）

▶ I'm looking forward to hearing from you.
（ご連絡をお待ちしています）
＊hear from A「Aから連絡をもらう」

▶ I'm looking forward to your reply.
（お返事をいただけたらうれしいです）
＊reply「返事／返答」

092 ……はいかがですか?

Would you like ...?

「……はいかがですか?」と相手に何かを勧めるとき
に用いる表現には次のようなものがあります。

▶ Do you want ...?

▶ Would you like ...?

"Would you like ...?" のほうが丁寧に聞こえます。
また、この意味では "Do you like ...?" は使いません。

使ってみよう!

▶ **Would you like something to drink?**
（何か飲み物はいかがですか?）

▶ **Would you like a refill?**
（おかわりはいかがですか?）
*refill「おかわり」

▶ **Would you like a brochure?**
（パンフレットをどうぞ）
*brochure「パンフレット」

▶ **Would you like a tour of the factory?**
（工場見学をしてみませんか?）
*a tour of the factory「工場見学」

093 ……するのはいかがですか?

Would you like to ...?

"Would you like ...?" は、後ろに名詞だけでなく、"to do" を続けることができます。「……するのはいかがですか?」と相手に何かを勧めたり、「……していただけませんか?」と依頼するときの丁寧表現です。

使ってみよう!

▶ **Would you like to see the production line?**
（生産ラインを見学してみませんか?）
*production line「生産ライン」

▶ **Would you like to reschedule the meeting or just cancel it?**
（会議の日程を変更するか、あるいは中止したらどうですか?）
*reschedule「日程を変更する」

▶ **Would you like to discuss it over lunch?**
（それについてはランチを食べながら話し合いませんか）

▶ **Would you like to try some samples?**
（ぜひサンプルをお試しください）
*try some samples「(いくつかの) サンプルを使ってみる」

094 アドバイスがほしい？

Do you want some advice?

　日本人の場合、「アドバイスがほしいかい？」とわざわざ聞く人を見かけません。それどころか、相手の意向を確かめもせずに、よかれと思ってすすんで助言しようとします。

　しかし、英語圏の人たちは、あくまでも相手の意思を尊重しようとします。とりわけビジネスシーンではなおさらその傾向が強いように思われます。まずは、助言がほしいかどうか確認しましょう。

使ってみよう！

▶ **Do you want some advice?**
　（アドバイスがほしい？）
　*some advice「アドバイス」

▶ **Do you want a suggestion?**
　（忠告がほしい？）
　*suggestion「忠告／提案」

▶ **Do you want to hear my proposal?**
　（私の提案が聞きたい？）
　*proposal「提案」

▶ **Do you want to hear my idea?**
　（私の考えを聞きたい？）

095 AとBでは、どちらがいいですか？
Would you rather *do* A or *do* B?

"would rather ..." は「むしろ……したい」です。これを使って、"Would you rather *do* A or *do* B?" とすると、「AとBでは、どちらがいいですか？」になります。相手にどんな行動をしたいのかをたずねるときの表現です。

使ってみよう！

▶ Would you rather walk there or take a taxi?
（そこまで歩きますか、それともタクシーを使いますか？）

▶ We can meet at my office. Or would you rather meet at your hotel?
（私のオフィスでもお会いできますが、あなたのホテルのほうがよろしいですか？）
*meet「待ち合わせする」

▶ A : Would you rather discuss it in person or on the phone?
（じかに会って話しますか、それとも電話にしますか？）

　B : On the phone is fine.
（電話で構わない）
*in person「（代理・電話などではなく）直接／みずから」（"face to face" という表現もあります）

096 むしろ……したい。

I'd rather ...

　ビジネスシーンでは何を優先事項とするかつねに表明しなくてはなりません。「むしろ……したい」は、二つの事柄を比較して選択するときの表現で、「どちらかと言えば……したい」と言い換えることができます。"I'd rather"は"I would rather"の縮約形ですが、口語では"I'd rather"を好んで用います。

使ってみよう!

▶ **I'd rather work overtime than miss a deadline.**
（納期に間に合わないのだったら残業するよ）
＊miss a deadline「納期（締め切り）に間に合わない」

▶ **I'd rather work late tonight than come in early tomorrow.**
（明日早く出社するよりは、今晩遅くまで働いたほうがいい）
＊come in「出勤する」

▶ **I'd rather discuss our marketing strategy for European countries.**
（むしろヨーロッパ諸国のマーケティング戦略について話し合いたいのですが）
＊marketing strategy「マーケティング戦略」

097 できれば……したくない。

I'd rather not ...

　躊躇やためらいを表明して、「できれば……したくない」とか「どちらかと言えば……したくない」にあたる英語表現が"I'd rather not ..."です。後ろには動詞の原形をおきます。

使ってみよう！

▶ I'd rather not discuss the matter here.
　（その件についてはここで話し合いたくないんだ）

▶ I'd rather not answer that. It's personal.
　（それについては返答を控えさせていただきたい。個人的なことなので）

▶ A：Who made the mistake?
　　　（誰がそんなミスをしたんだ？）

　B：I'd rather not say.
　　　（私の口からは言えません）

＊make a mistake「ミスをする」（「ミスをした」を"I missed."と言ってしまう人を見かけますが、それは間違いです）

＊I'd rather not say.「私の口からは言えません」（"I don't want to tell you."の丁寧表現としてよく用いられます）

098 ……してほしいのですが。

I'd like you to …

　相手に依頼をするときのフレーズです。命令口調に近い "I want you to …"（……してほしい）の丁寧表現です。ビジネスシーンでは伝え方によって、相手を不快な気分にさせてしまうことがあります。ビジネスシーンでは、"I'd like you to …" を使うことをお勧めします。

使ってみよう！

▶ **I'd like you to give us some input.**
（意見や助言をいただきたいのですが）
＊input「意見／助言／アイディア」

▶ **I'd like you to keep me posted.**
（何かあったら連絡してください）
＊post「最新状況を報告する」
＊keep me posted「逐次（私と）連絡をとる」

▶ **I'd like you to give me your honest opinion.**
（卒直な意見を聞かせていただきたいのですが）

▶ **I'd like you to work with Bob on the project.**
（ボブとこのプロジェクトに取り組んでほしい）
＊work on the project「プロジェクトに取り組む」

099 ……するのが待ちきれない。

I can't wait to ...

あることを楽しみにしている場合、「……するのが待ちきれない」とか「……するのが待ち遠しい」と言ったりしますが、そうしたとき、ネイティブは"I can't wait to ..."というフレーズを用います。助動詞の"can't"を使うことと（強く発音します）、後ろを"to do"で結ぶことを忘れないでください。

使ってみよう！

▶ I can't wait to tell him the good news.
（早くその知らせを彼に伝えたい）

▶ I can't wait to see you again.
（またお会いできるのが待ち遠しいです）

▶ I can't wait to hear your feedback.
（あなたのご意見を聞くのが楽しみでなりません）
＊feedback「意見／感想／フィードバック」

▶ I can't wait to see what your team has come up with.
（あなたのチームがどんなアイディアを思いつくか楽しみです）
＊come up with A「Aを思いつく／Aを考え出す」

100 というのも……だからです。

That's because ...

ことのなりゆきを説明したあとで、原因や理由を述べるための構文です。日本語の「というのも……だからです」にあたります。〈That's because ＋原因〉になるということをイメージしてしゃべってみましょう。

使ってみよう！

▶ He doesn't know about it. That's because he missed the meeting.

（彼はそれについては知らないんだよ。というのも会議に出なかったからね）

▶ A : She speaks English so well!

（彼女、英語うまいわね！）

B : That's because she went to college in the U.S.

（アメリカの大学へ留学したからね）

▶ A : He sure knows a lot about cars.

（彼、やたら車のことにくわしいな）

B : That's because his dad owns a car dealership.

（なんてたって父親が販売代理店を持っているからね）

＊a car dealership「車の販売代理店／特約店」

101 そういうわけで……。

That's why ...

前文を受けて、「そういうわけで……」という場合、"That's why ..." というフレーズを用います。前項で説明した "That's because ..." と並べてみますので、違いを確認してください。

▶ **That's because ＋原因**「というのも……だからです」

▶ **That's why ＋結果**「そういうわけで……」

つまり、"because" の後ろには〈原因〉が、"why" の後ろには〈結果〉が導かれるのです。そこに注目して、口慣らしをしてみましょう。

▶ **Traffic was bad. That's why we're late.**

（渋滞がひどくってね。それで遅れちゃったんだ）

＊Traffic was bad.「渋滞がひどかった」（この "traffic" は名詞で、「交通（量）／往来」の意味です）

▶ **A : Ken changed his email address.**

（ケンはメールアドレスを変えたのよ）

B : That's why I got a "Mail Delivery Failed" notification.

（それで "送信エラー" の通知がきたのか）

＊delivery「送信／配信／配達／提供」

＊notification「通知」

102 どこで……できますか？

Where can I ...?

たいへん便利な表現です。「どこで……できますか？／……ができる場所はどこですか？」にあたる言いまわしで、自分がなにかしたいと思ったら、この表現を口にしてみましょう。

使ってみよう！

▶ Where can I grab a taxi?
（どこでタクシーをつかまえられますか？）
＊grab a taxi「タクシーをつかまえる」（＝catch a taxi）

▶ Where can I exchange money?
（どこで両替できますか？）
＊exchange money「両替する」

▶ Where can I get more information about it?
（どこでそれに関する情報をもっと得られますか？）

▶ Where can I download the latest version of the app?
（そのアプリの最新バージョンはどこでダウンロードできますか？）

▶ Where can I import files from?
（ファイルはどこから読み込むことができますか？）
＊import「（データなどを）取り込む」

103 そろそろ……の時間だ。

It's time to …／It's time for ＋名詞.

このフレーズは、おもに場を仕切っている人(チームリーダーや会議の司会者など)が使う表現なので、自分の立場やその場の空気を読んで使いましょう。

使ってみよう!

▶ It's time to get started.
(そろそろ始めましょう)
*get started「始める」(ほぼ"start"と同じ意味ですが、"get started"を使った場合、主役は当事者全員で、「(みんなで)始めましょう」というカジュアルでやわらかな響きがあります)

▶ It's time to wrap it up.
(そろそろ終わりにしましょう)
*wrap it[this] up「終える／まとめる」

▶ It's time to get back to work.
(そろそろ仕事に戻ろうよ)
*get back to work「仕事に戻る」

▶ It's time for a break.
(そろそろ休憩の時間だ)

104 ……するのを忘れないで。

Don't forget to ...

みなさんは"Do not ..."と"Don't ..."の違いがわかりますか。"Do not ..."は親が目をむいて子どもを叱っているような印象があります。あるいはまた、権威をかざして「禁止」を通達しているような響きがあります。

たとえば、非常事態のときに、Do not take the elevator in case of fire.（火災の際はエレベーターを使用してはならない）と書くのはいいのですが、同僚にDo not forget to bring your laptop.（ラップトップを持参するのを忘れてはならない）とするのは違和感があります。

ここでみなさんにお願いしたいのは、会話やメールでは"Do not ..."を使わず、フレンドリーな"Don't ..."を使いましょう、ということです。

使ってみよう！

▶ **Don't forget to bring your laptop.**
（忘れずにラップトップを持参してください）

▶ **Don't forget to check all the details to make sure they're correct.**
（忘れずに詳細をチェックして、すべて正しいかどうか確かめてください）

＊make sure ...「……であることを確かめる」

105 ……についてどう思う？〈1〉

What do you think of[about] ...?

　相手の意見や考えを引き出すときのフレーズです。
　"of" は個別の事情について強く関心を示しているニュアンスがあります。いっぽう、"about" は周辺情報（関連性）も含め幅広く意見を求めるときに用いられます。

使ってみよう！

▶ What do you think of my idea?
（私の考えを率直にどう思いますか？）

▶ A：What do you think about postponing the presentation?
（プレゼンを延期することをどう思いますか？）

　B：I think it's a good idea.
（いいと思うよ）

▶ A：What do you think about their proposal?
（彼らの提案についてどう思われますか？）

　B：There is one thing I worry about —— the costs of the survey haven't been factored in.
（気がかりな点がひとつあります。それは調査費用が無視されていることです）

＊factor in A「Aを計算に入れる」

106 ……についてどう思う?〈2〉

How do you feel about ...?

日本語にすると、"What do you think of[about] ...?"
も "How do you feel about ...?" も同じ訳文になって
しまいますが、"think" の場合が「頭」(mind) と結び
ついたロジック (論理) を聞こうとしているのに対し、
"feel" の場合は「心」(heart) と結びついたエモーシ
ョン (感情) をたずねているという違いがあります。

使ってみよう!

▶ A : How do you feel about his decision?
   (彼の決定をどう思いますか?)

　B : I think he made the right choice under the
   circumstances.
   (このような状況下にあって適切な選択をしたと
   思います)

＊under the circumstances「こうした状況下にあって」

▶ A : How do you feel about your promotion?
   (今回の昇進をどのように受けとめていますか?)

　B : I'm really excited about becoming a
   manager!
   (経営者のひとりとなって、たいへん興奮してい
   ます)

＊manager「経営者/管理者/支配人」

107 ……だと思います。

**I believe〈that〉…／I think〈that〉…／
I feel〈that〉…**

　自分の考えを切り出すときの言いまわしです。確信の度合いによって言い方も変わります。確信の度合いは"I believe"がいちばん強く、下にいくにしたがって弱まっていきます。

▶ I believe〈that〉…「……だと確信しています」
▶ I think〈that〉…「……だと思います」
▶ I feel〈that〉…「……だと感じています」

使ってみよう！

▶ I believe〈that〉she is the right person for the project.
（そのプロジェクトには彼女が適任だと確信しています）
＊the right person for A「Aにふさわしい人」

▶ I think〈that〉I am better qualified than him.
（彼より私のほうが適任だと思います）
＊be qualified「適任である」

▶ I feel〈that〉he is overqualified for this position.
（彼にこのポジションは役不足だと感じています）
＊be overqualified「必要以上の技能〔経験〕がある」

108 ……ではないと思います。

I don't think ...

「AはBではないと思う」という日本語に近い表現は、次のうちのどちらでしょう。

❶ I think A is not B.

❷ I don't think A is B.

日本人の発想から言えば、「AはBではない」わけだから、❶の文を選ぶ傾向にあります。しかしながら、英語を母語とする人たちは❷の文を選びます。

英語では、話すことの内容が否定であることを早く相手に伝える慣習があるため、主節の動詞がthink（思う）／believe（信じる）／suppose（たぶん～だと思う）／imagine（想像する）などの「意見や推測をあらわす動詞」の場合、通例、否定語はそれにつづく節の動詞ではなく、主節の動詞につけるのが一般的用法です。

使ってみよう！

▶ **I don't think this proposal is acceptable.**
（この提案は受諾されないと思います）

▶ **I don't think we need to place an order yet.**
（まだ注文しなくてもよいと思うんだけど）

＊place an order「注文する／発注する」

109 それこそ私が……のものだ。

That's what I ...

相手の言ったことに対して、無言でうなずいたり、"Yeah." とだけ声をあげても、何を伝えているのかはっきりしません。そうしたときは、「それこそ私が……のものだ」とはっきりと表現することです。

使ってみよう!

▶ That's what I heard.
（そう聞きました）

▶ That's what I wanted to say.
（それを言いたかったのです）

▶ That's not what I meant.
（それを言いたかったのではありません）

▶ A：Is everything okay with Ann?
（アンは大丈夫？）

　 B：She messed up the presentation.
（プレゼンをしくじったんだって）

　 A：That's what I thought.
（そうだと思ったよ／やっぱりね）

＊mess up「しくじる」

第 7 章

「許可」をとる・「依頼」する・「勧誘」する

110 さあ、仕事にとりかかろう。

Let's get started.

ここでは“Let's ...”の定番フレーズを取りあげます。
オフィスでよく耳にする基本慣用表現を覚えましょう。

使ってみよう！

▶ Let's get started.
（さあ、仕事にとりかかろう）

= Let's get to work.

= Let's get down to business.
　＊get started「始める」
　＊get to work「仕事にとりかかる」
　＊get down to business「（本気で）取り組む」

▶ Let's get back to work.
（さあ、仕事に戻ろう）
　＊get back to work「仕事に戻る」

▶ Let's get back to the point[subject].
（本題に戻りましょうよ）
　＊get back to the point[subject]「本題に戻る」

▶ Let's get this over with.
（この仕事はさっさと終わらせましょう）
　＊get this over with「（この仕事を）さっさと済ませる」

111 ……かどうか見てみよう。

Let's see if ...

"see if ..."は、「……かどうか見てみる／……かどうか確かめる／……かどうか検討する」という意味の慣用句です。この"if"は「……かどうかということ」という意味の接続詞です。ここでは"Let's"のあとに続けて、以下の表現を音読してみましょう。その場合、"Let's see"を1語のように読み、そのあとで〈if以下〉を続けるようにしてください。

使ってみよう!

▶ Let's see if we can find another solution.
（解決策がほかにないか検討しましょう）

▶ Let's see if we can come up with some other options.
（ほかの選択肢があるかどうか検討しましょう）
＊come up with A「Aを考え出す」

▶ Let's see if an alternative plan would work.
（ほかのプランがうまくいくかどうか確かめてみましょう）

▶ Let's see if we can figure out what the problem is.
（問題の本質を探ってみましょう）
＊figure out A「Aを見つけ出す」

……するのはどうでしょうか？

Why don't we ...?

　"Let's ..."は、相手と意見が一致していることが明らかな場合に用いることが多いため、Let's ...（さあ……しようよ）を多用すると、有無を言わさない軽い命令と捉えられることがあり、相手に自己中心的との印象を与えかねません。ビジネスシーンでは、相手の意向をたずねる Why don't we ...?（……するのはどうでしょうか？）というフレーズを用意しておくことをお勧めします。

使ってみよう！

▶ **Why don't we take a 30-minute break and grab some lunch?**

（30分ほど休憩してランチをとるっていうのはどうでしょう？）

＊grab（some）lunch「さっとランチを取る」

▶ **We're all tired. Why don't we call it a day?**

（疲れたね。きょうはこれぐらいにしておきませんか？）

＊call it a day「一日の仕事を終える／終わりにする／切りあげる」

▶ **Why don't we ask Steven for advice?**

（スティーヴンに聞いてみるというのはどうでしょう？）

＊ask A for advice「Aにアドバイスを求める」

113 ……してもいい（ですか）？

Can I ...? ／ Could I ...?

　許可を求める重要フレーズです。

　"Could I ...?" を使えば、より丁寧になります。注意していただきたいのは、返答には "could" ではなく、"can" を用いるということです。

▶ A : Could I have another cup of tea?

　　（紅茶をもう一杯いただけますか？）

　B : Of course you can.

　　（もちろん、いいですよ）

使ってみよう！

▶ Can I call you back later?

　（あとで電話をかけ直してもいい？）

▶ Can I ask you a quick question?

　（ちょっと聞いてもいい？）

　＊ask A a quick question「Aに手短な質問をする」

▶ Could I have a word with you privately?

　（2人だけでちょっと話せますか？）

　＊have a word with A「Aと少し話をする」

　＊privately「2人きりで」

114 ……することはできますか？

I was wondering if I could ...

「もしかして……できるかなあと思っておりました」
という気持ちをあらわしています。許可を求めるフレー
ズとして、まず基本の3つを覚えておきましょう。下へ
いくほど丁寧な言いまわしになります。

▶ Can I ...?

▶ Could I ...?

▶ I was wondering if I could ...

　日本語でもそうですが、語数が増えればまわりくどい
言いまわしになり、そのぶん丁寧さが増します。

　"I was wondering if we could ..." とすれば、その
行為を一緒にやることになります。

使ってみよう！

▶ I was wondering if I could take a few days off.
　（数日、休みが取れないかしら）

▶ I was wondering if we could meet face to face.
　（直接お目にかかれませんでしょうか？）
　＊face to face「面と向かって」

▶ I was wondering if you could extend the
　deadline.
　（納品日を延期していただけませんでしょうか？）
　＊extend A「Aを延期する」

115 ……してよろしいですか？

(Do you) Mind if I ...?

　許可を求めるときの丁寧表現です。"Do you"の部分を省略しても、丁寧さが薄れるということもありません。この"mind"は「嫌がる／気にする」で、「もし……したら、あなたは嫌がりますか？」とたずねているのです。したがって、「いいとも」と答えるときは、"Not at all."や"No, go ahead."のように否定語を含めますが、実際には"Sure."とだけ答えることがよくあります。

使ってみよう！

▶ A : Do you mind if I sit here?
　　（ここに座ってもいいですか？）

　B : Not at all.
　　（どうぞ）

▶ A : Mind if I recline (my seat)?
　　（座席を倒してもいいですか？）

　B : No, go ahead.
　　（ええ、どうぞ）

＊recline (one's seat)「座席の背もたれを斜めにする」

＊Go ahead.「どうぞ」（許可を求める言葉に対して、その行為をうながす表現です）

116 ……することは可能でしょうか？
Would it be possible（for 人）to ...?

　許可を求めるときの丁寧なフレーズです。「（あなたは）……することが可能でしょうか？」と考えて、"Would you be possible to ...?" とやってしまう人をたまに見かけますが、"possible" という形容詞は「人を主語としない」ということを覚えておきましょう。なお、〈for 人〉は不定詞（to *do*）の意味上の主語で、動作の主体をはっきりさせる必要があるときに用います。

使ってみよう！

▶ **Would it be possible to reschedule the meeting for Monday?**
（会議を月曜日に変更することは可能でしょうか？）
＊reschedule A for B「A を B に変更する」

▶ **Would it be possible for me to leave early?**
（早退することはできますでしょうか？）
＊leave（work）early「（仕事を）早退する」

▶ **Would it be possible for you to resend the invoice?**
（明細書を再送していただけますか？）
＊invoice「明細書／請求書／納品書」（アクセントは前にあり、〔**イ**ンヴォイス〕と発音します）

117 ……しても大丈夫かな？

Is it okay to ...? ／ Is it okay if SV ?

　許可を求めるくだけた言いまわしです。丁寧な言い方をしようと思ったら、"Could I ...?" を使ってください。

　"Is it okay to ...?" と "Is it okay if SV ?" は同じように使います。

　"okay" は "OK" と表記してもかまいません。発音は〔オッケー〕でも〔オーケー〕でもなく、〔オッ**ケイ**〕です。

使ってみよう！

▶ Is it okay to park in the main parking lot?
　（駐車場に車を停めても大丈夫かな？）
　＊park「駐車する」
　＊parking lot「駐車場」（室内にある「立体駐車場」は "parking garage" です）

▶ Is it okay if I use your desk while you're out?
　（外出中にデスクを使わせてもらってもいい？）
　＊be out「外出中である」

▶ A：Is it OK if we finish this tomorrow?
　　（明日中にこれを終わらせるということで問題ない？）

　B：That's fine.
　　（うん）

118 それ、あとにできる？

Can it wait (till later)?

　人を主語にしていないことに注目してください。この "wait" は、ものごとや事態が「急を要しない／あとまわしにできる／先延ばしにできる」の意味で使われています。助動詞のcan／can'tとともに用いられていることにも着目してください。便利な表現ですが、使いこなしている人はごくわずかです。

使ってみよう!

▶ I'm kind of busy right now. Can it wait till later?

（いまはちょっと忙しいんだ。あとにできる？）

＊kind of「ちょっと／いくぶん」

▶ There's no hurry. It can wait.

（急がなくてもいいよ。急を要しないから）

＊There's no（need to）hurry.「急ぐ必要はない」

▶ It's urgent. It can't wait until this afternoon.

（急ぎでお願い。午後まで待てない仕事なんだ）

＊urgent「急を要する／緊急の」

▶ I'm on a deadline. Can't it wait till next week?

（締め切りを抱えているの。来週まで待てない？）

＊be（working）on a deadline「締め切りを抱えている」

119 ……したほうがいいんじゃない。

Maybe you should ...

　日本人の多くは"should"を「……すべき」と覚えていますが、実際のところ、そのような押しつけがましいニュアンスはなく、「……するのがいい」ぐらいの日本語に相当します。その"should"にmaybe（たぶん）をつけると、親しい人へのフレンドリーな助言になります。目上の人や初対面の人に使えば、控えめな丁寧表現になります。

使ってみよう！

▶ Maybe you should rethink this project.
　（このプロジェクトは再考したほうがいいじゃないかな）

▶ A：I've been under the weather for a few days.
　（この数日間、体調がよくないんだ）

　B：Maybe you should get a complete medical check-up.
　（人間ドックを受けてみたらどう）

＊under the weather「気分がすぐれない／体調が悪い」

＊get a（complete）medical check-up「健康診断を受ける」

120 ……してください。

Just ...

　日本人は"please"を誤解しています。お願いごとをする場合、"please"をつければ丁寧になると勘違いしているのです。

　ネイティブは"please"をつけた命令文を「お説教されているようだ」、あるいは「へりくだりすぎている」と感じています。とくにメール文で"please"を使用すると、「いくぶん不快」と感じる人が多いというのも事実です。

　では、どうしたらいいのでしょうか。そこで登場するのが"just"です。"just"を使うことで、命令の表現をやわらげたり強めたりすることができるため、相手にいらぬ不快感を与えることはないのです。

使ってみよう！

▶ Just let me know if you need any help.
（手助けが必要だったら、遠慮なく言って）

▶ Just send a proposal to our office by the 15th.
（15日までに弊社のオフィスにご提案書を送ってください）

＊send a proposal to A「Aに提案書を送る」

▶ When the package arrives, just call me.
（小包が着いたら、私にお電話ください）

121 よく考えさせてください。

**Let me think it over. /
Let me sleep on it.**

"Let me ..."は「……させてください」と、許可を求める表現です。

"think A over"は「(慎重に) Aのことを考える/熟慮する」、"sleep on A"は「(一晩寝て) Aのことをよく考える/Aをじっくり検討する」というイディオムです。即答を避けたいシーンでは欠かせない表現です。

使ってみよう!

▶ A : You get 20% off if you place your order by the end of the month.
   (月末までに申し込んでいただければ、20パーセントオフになります)

  B : OK. Let me think it over.
   (わかりました。ちょっと考えさせて)

▶ A : I'm sure you'll like it.
   (気に入っていただけると思うのですが)

  B : OK. Let me sleep on it. I'll let you know tomorrow.
   (わかりました。ひと晩、検討させてください。明日、お知らせします)

122 ……できますか？

Can you ...?

「……することができる」という可能性（possibility）や能力（ability）をあらわすときには"can"を用います。

▶ I can see you tomorrow morning.

（明日の午前中ならお会いすることができます）

▶ Emma can speak Japanese, but she can't write it.

（エマは日本語を話すことができるが、書くことはできない）

ここでは、「可能・能力」をあらわす疑問文の"Can you ...?"を覚えましょう。

使ってみよう！

▶ Can you start tomorrow?

（明日から仕事始められる？）

＊start（working）「働き始める」

▶ Can you be here by 7:00 tomorrow morning?

（明日の朝7時までに来れる？）

＊be here「出勤している／ここにいる」

▶ Can you print that document from your phone?

（スマホのその文書をプリントできる？）

＊document「文書／書類」

123 ……してもらえますか？

Can you ...? ／ Could you (possibly) ...?

"Can you ...?" は「可能・能力」のほか、「依頼・要請」をあらわすことがあります。

"Could you (possibly) ...?" を使うと、フォーマル、かつ丁寧な言い方になります。改まった表現なので、親しい相手に用いると、逆によそよそしい印象を与えてしまうことがあります。

使ってみよう！

▶ **Can you be more specific?**

（もう少し具体的に言ってくれる？）

＊be more specific「もっと具体的に言う」

▶ **Could you tell me the difference between this product and that one?**

（この製品とあの製品の違いを教えてくれますか？）

＊the difference between A and B「AとBの違い」

▶ **Could you possibly give me the number of the author of this article?**

（できればその記事を書いた人の電話番号を教えていただけませんか？）

＊the (phone) number of A「Aの電話番号」

124 ……してくれませんか？

Will you ...?／Would you（please）...?

ともに依頼をあらわす表現です。

"Will you ...?" は丁寧度がかなり低いので、職務上の指示など、聞き手が当然すべきことを要請するときに用います。日本語の「……してくれませんか？」ではなく、「……してくれない？」とか「……してください」というニュアンスに近いように思われます。ぶっきらぼうに聞こえることがあるので注意が必要です。

他方、"Would you（please）...?" は、"Will you ...?" を丁寧にした表現で、これは日本語の「……してくれませんか？」に相当します。

使ってみよう！

▶ A：Will you take a look at this?
　　（これを見てくれる？）

　 B：Sure. What is it?
　　（いいよ。何？）

▶ A：Would you take a moment and listen to my story?
　　（ちょっと私の話を聞いてもらえませんか？）

　 B：Sure. Is this a good place?
　　（いいよ。ここでいい？）

＊take a moment and ...「ちょっと時間をとって……する」

125 〜していただけませんか？

Would you mind 〜ing?／
Do you mind 〜ing?

　"Will you ...?"や"Would you（please）...?"より、さらに丁寧な依頼表現です。この"mind"は「嫌がる」という意味なので、"Yes."と答えると断ることになってしまいます。承諾するときは、"Sure.／No, not at all."などと答えます。

　また、たまに"Will you mind 〜ing?"とやってしまう人を見かけますが、Would you mind 〜ing?／Do you mind 〜ing?のどちらかしか用いません。

使ってみよう！

▶ **Would you mind showing me your ID?**
　（身分証明書を見せていただけませんか？）
　＊show one's ID「身分証明書を見せる」

▶ **Would you mind signing in?**
　（到着したことの署名をお願いできますか？）
　＊sign in「（会社・クラブなどで）到着の署名をする」

▶ **A：Would you mind waiting for me in the reception area?**
　　（受付のところで待っていてくれませんか？）

　B：Sure.
　　（わかりました）

126 ……していただけるとありがたいのですが。

I'd appreciate it if you would[could] ...

ひじょうに丁寧な依頼表現です。

"appreciate"は「感謝する／ありがたく思う」という意味の他動詞で、"it"はif以下の内容をあらわしています。「もし……してくれたら、そのことをありがたく思います」が直訳的和文です。ビジネスシーンではよく耳にする重要フレーズです。

使ってみよう!

▶ I'd appreciate it if you would reply as soon as possible.

（早急にお返事をいただけるとありがたいのですが）

*reply「返事する」
*as soon as possible「できるだけ早く」

▶ I'd appreciate it if you could let me know when you find it.

（わかりしだい教えていただければ幸いです）

▶ I'd appreciate it if you would make hotel arrangements for Mr. Ross.

（ロスさんのためにホテルを手配してくれたらうれしいのですが）

*make hotel arrangements「ホテルを手配する」

127 ……を貸してもらえますか？

Do you have ... I can borrow?

　ここではオフィスでモノを借りるときの、Do you have ... I can borrow?（……を貸してもらえますか？）という必須フレーズを覚えましょう。

　なお "borrow" は傘やホチキスなど、「移動できるモノを借りる」ときに用い、コピー機やトイレなど、「その場で使用するモノを借りる」ときは "use" を用います。

使ってみよう！

▶ **Do you have a stapler I can borrow?**
　（ホチキス貸してもらえる？）
　＊stapler「ホチキス」

▶ **Do you have an eraser I can borrow?**
　（消しゴム貸してもらえる？）

▶ **Do you have a copier I can use?**
　（コピー機を借りられますか？）

▶ **Do you have a restroom I can use?**
　（お手洗いをお借りできますか？）
　＊restroom「（会社や施設などの）トイレ／お手洗い」（一般に家庭のトイレは "bathroom" を使います）

128 もし……なことがあったら、〜

If there's anything ..., 〜

相手を気づかう表現です。いろんなバリエーションがありますが、"anything" を先行詞にして関係詞節で結ぶのがふつうです。ここでは定番表現を列挙しましょう。

使ってみよう!

▶ If there's anything you need, just ask.
（何か必要だったら、たずねてください）

▶ If there's anything you don't understand, ask Tom.
（もしわからないことがあったら、トムに聞いてください）

▶ If there's anything I can do, don't hesitate to ask.
（私にできることがあったら、遠慮せずに言ってください）

▶ If there's anything we can help you with, feel free to contact us.
（何かお手伝いできることがあったら、気軽に連絡ください）

＊help A with B「AのBを手伝う」
＊Feel free to ...「気軽に……してください」（"free" のところを強く発音します）

129 （もし）差し支えなければ……

..., if you don't mind.

お願いごとをしたあとで（... if you don't mind.）、あるいは頼みごとをする前に（If you don't mind, ...）用います。"If you don't mind." とだけ言うこともあります。その場合は、「差し支えなければ（お願いします）」の意味で用いられます。このフレーズをつけ加えることで、丁寧な人だとの印象を与えることができます。

使ってみよう！

▶ I have a couple of questions, if you don't mind.
（2、3質問があるのですが、よろしいでしょうか）

▶ If you don't mind, I'd like to discuss it face to face.
（差し支えなければ、お会いしてご相談させていただきたいのですが）
＊face to face「面と向かって」

▶ A：You want me to talk to him?
（私が彼と話しましょうか？）

B：If you don't mind.
（差し支えなければ）
＊（Do）You want me to...「……しましょうか？」

130 お手すきのときに、……

**When you get a minute[second /
sec], ... / When you have time, ...**

　「お手すきのときに」や「お時間がありましたら」は
ビジネスシーンで頻繁に使うフレーズです。目上の人、
上司、同僚、クライアントにお願いや依頼をする際に用
います。それほど急ぎではないことを依頼するときの表
現だと心得ましょう。

使ってみよう!

▶ **When you get a minute, could you pull up last
year's sales report?**
（お手すきのときに、昨年の営業報告書を出してくれ
ませんか？）

*pull up A（on the computer）「（コンピュータから）Aを引き出
す」

▶ **When you get a sec, I'd like to talk to you
about something.**
（時間があるときに、聞いてもらいたい話があるんだ
けど）

▶ **Could you look this over when you have time?**
（お時間があるときに、これにざっと目をとおしてく
れませんか？）

*look A over／look over A「ざっとAに目をとおす」

第 8 章

「プレゼン」をものにする!

131 まずは……から始めましょう。

Let's start[begin] with A. ／
Let's start[begin] by ～ing.

start[begin] の後ろの前置詞に注意して、会議での開口一番はこう言ってみましょう。このフレーズを使うことによって、きちっとしたスタートがきれます。

使ってみよう！

▶ **Now that everyone is here, let's start with a recap of last week's meeting.**

（皆さんおそろいのようなので、先週の会議の要約から始めたいと思います）

＊now (that)... 「今はもう……だから」
＊a recap of A 「Aの要約」（recap「要約／概括」）

▶ **We have a lot to get to today. I see a lot of newcomers, so let's start by introducing ourselves.**

（きょうは取り組むべき課題がたくさんあります。初めて出席する方もいらっしゃるので、まずは自己紹介から始めましょう）

＊a lot to get to 「取りかかるべき多くのこと」
＊newcomers 「新参者／新人」
＊introduce oneself 「自己紹介をする」

132 ……が最も重要議題だ。

... is high on the agenda.

"agenda"は「協議事項（のリスト）」であり、「議事日程表」です。会議には欠かせぬ最重要語のひとつです。

▶ There are three things on the agenda for today. First, ...

（本日の議題は3つあります。ひとつ目は……）

"be high on the agenda"は、協議事項リストの上にあるということは「最も重要な議題である」ことを意味します。"be at the top of the agenda"と言い換えることもできます。

使ってみよう！

▶ Financial reform is high on the agenda.

（財政改革が最も重要議題です）

▶ A : What's first on the agenda for today? Let me see ...

（きょうの最初の議題は何？　えーと……）

B : There are three things on the agenda. First, downsizing.

（3つありますが、最初は経営合理化です）

*downsizing「経営の合理化／人員削減／コンピュータシステムの小型化」

133 問題は……

The problem is (that) ... /
The thing is (that) ...

　問題点を明確にするときの言いまわしです。"the thing"は「問題点／重要な点」という意味で用いられます。議論が錯綜したときや説明が長すぎて焦点がぼやけてしまったときなどにこのフレーズを用います。

使ってみよう!

▶ Their prices are low. The problem is that the quality is also low.

（価格は低いんだ。問題は、品質も低いということだ）

▶ We need to contact the supplier there. The problem is no one there speaks English.

（むこうの業者と連絡をとる必要があるな。問題は、あっちに英語を話せる人がいないということだ）

＊supplier「サプライヤー／供給業者」

▶ XXY needs 500 units. The thing is they need them next week.

（XXYが500個必要だと言っている。問題は、来週中にほしいと言っていることだ）

＊unit「（個々の）製品／1個」

134 要するに……

The bottom line is(that) ...

計算書のいちばん下の行 (bottom line) に集計結果が記入されることから、"bottom line" は「収支の最終的な数字／最終損益」の意味をもちます。

転じて、結論を導くフレーズ、The bottom line is (that)...（要するに……／つまり……／肝心なことは……）が生まれました。

使ってみよう！

▶ **The bottom line is that we need to cut expenses.**

（要するに、費用の削減をする必要があるということだ）

▶ **The bottom line is we can't afford to lose this account.**

（言っておきたいことは、この取引先を失うわけにはいかないということだ）

*can't afford to *do*「……する余裕がない／……するわけにはいかない」

*account「取引先／顧客」

▶ **The bottom line is that no one gets a bonus if sales don't improve.**

（つまり、売り上げが伸びなければ、ボーナスはなしということです）

135 思いつきで言うのですが、……

Off the top my head, ...

　なんの検討もせずに、思いつきで返事をするときがあります。そんなとき、できるビジネスパーソンは"off the top my head"というしゃれた表現をさらりと口にします。「思いつきなんですが」とか「この場でいま答えると」にあたります。頭のてっぺんからアイディアが飛びだすイメージです。否定文でも用いられ、その場合は「いまこの場で～できない」の意味を持ちます。

使ってみよう!

▶ **Off the top my head, I would say that about 100 people will be fired.**

（思いつきで言うのですが、だいたい100人がリストラされるでしょうね）

＊I would say（that)...「私の推測では……」

▶ **I cannot answer that question off the top my head.**

（いまここで、その質問に答えることはできません）

▶ A：**Do you know last month's figures?**

（先月の数字、わかる？）

　B：**Not off the top my head, no. But I'll find out.**

（即座にパッと言えないわ。調べてみる）

136 前にも話したけど、……

Like I was saying, ... / Like I said, ...

　先に話したことのある話題にふたたび言及するときは、"Like I was saying" や "Like I said" などの表現を前置きします。こうすることで、同じ話がくりかえされることや、話の途中でとぎれてしまった話題にもう一度ふれることを相手に伝えることができます。「さっきも言ったように」もこれでいけます。

　また、"like" のところは "as" にして、"As I was saying" "As I said" とすることがありますが、やや響きが堅いのでフォーマルの場で用いるようにしましょう。

使ってみよう！

▶ Like I was saying, she took over for Mr. Yano, who retired last month.

（前にも話したけど、彼女が先月引退した矢野さんの後任です）

＊take over for A「Aの役目を引き継ぐ」

▶ Like I said, the president has decided that this project will be canceled.

（さっきも言ったように、このプロジェクトは打ち切りになると社長が判断したんだ）

＊cancel「取り止める／中止する」

137 おっしゃることはわかりますが、……

I see your point, but ...

　相手の要望や主張を受けとるときに用います。同意を
あらわす表現ではないので、後ろに "but" を続けても、
なんの違和感もありません。というか、疑義や反対意見
をあらわすときの前置きと言ってもよいでしょう。

　"see" は「わかる／理解する」で、"your point" は「あ
なたの言わんとしているところ／あなたの趣旨」です。

▶ I understand what you mean.

　（言いたいことはわかります）

とほぼ同じ意味をもちます。

使ってみよう!

▶ I see your point, but I need to talk to my
manager. Let me go over it with the team.

　（おっしゃることはわかりますが、上司と話す必要が
あります。部内で精査させてください）

　*go over A「Aを詳細に調べる／検討する」

▶ I see your point, but I believe the plan to
recycle used tires in Plan B is more innovative.

　（だいたいわかりましたが、私にはプランBの古タイ
ヤの再利用計画のほうが革新的に思えます）

　*innovative「革新的な／創造力がある」

138 ……(するの)は気がすすまないなあ。

I dread ＋名詞／～ing.

「やりたくないこと」や「気がすすまないこと」が誰でもあるはずです。そんなとき、ネイティブは"dread"という単語を使って言いあらわします。日本人で使いこなしている人はごくわずかですが、慣れるとたいへん使い勝手のいいものです。

"dread"は「心配する／恐れる」という動詞で、〔ドゥレッド〕と発音します。名詞だけでなく、動名詞（～ing）を目的語にとることもあります（to不定詞を後続することはありません）。look forward to ＋名詞／～ing（……を楽しみにしている／……するのが待ち遠しい）というイディオムの対になっていると覚えておきましょう。

使ってみよう！

▶ I dread tomorrow's meeting.
（明日の会議、いやだなあ）

▶ I dread giving my presentation.
（プレゼン、やりたくないなあ）

▶ I dread opening my inbox after my vacation.
（休暇のあとに、受信トレイを開くのはいやだなあ）
＊inbox「受信トレイ」

139 リモート会議

online meeting ／ Zoom meeting
virtual meeting ／ video conference

「リモート会議」はさまざまな言い方ができます。人によって言い方がバラバラなので、いずれも聞き取れるようにしておいてください。

使ってみよう！

▶ **Are we going to have a face-to-face or online meeting?**

（きょうの会議は対面とリモートどちらでしょうか？）
＊face-to-face meeting「対面会議」

▶ **Sorry. I have a Zoom meeting in a few minutes.**

（ごめん。今からZoomミーティングなんだ）
＊in a few minutes「今から数分後に」

▶ **I got in trouble for skipping the virtual meeting.**

（リモート会議をすっぽかして叱られちゃった）
＊get in trouble for ~ing「~して叱られる［怒られる］」
＊skip A「Aをすっぽかす」

▶ **Everyone on the team must attend the video conference.**

（チーム全員、かならずビデオ会議に出席してください）

140 接続（状態）

connection

　携帯電話（cellphones）やパソコン（computers）のような通信機器の「接続」を"connection"と言います。"connection"は「関係／関連」を意味することから、「連結（状態）／接続（状態）」をあらわすようになりました。

▶ **We have a bad connection. Hang up and I'll call you back.**

（接続がよくないね。一度電話を切って、かけ直します）

＊hang up「電話を切る」

▶ **Our connection is terrible. Your voice keeps cutting in and out.**

（接続が悪いなあ。声が途切れ途切れにしか聞こえない）

＊cut in and out「（機械が）作動したり作動しなくなったりする／接続状態になったりならなかったりする」

▶ **This connection is slow. I can hear you but your video is frozen.**

（接続が遅いなあ。声はよく聞こえるんだけど、映像が静止状態になったままだ）

＊Your video is frozen.「（あなたの）映像が静止したままである」

141 ……しづらいのですが。

I'm having trouble ～ing.

　リモート会議では、うまくつながらない場合もあります。そこで覚えておきたいのがこの表現です。

　日本人の場合、よくやるミスが"I have trouble ..."と言ってしまうこと。恒常的なことではないので、現在進行形にして、"I'm having trouble ～ing."と言うようにしましょう。

使ってみよう!

▶ Can you hear me? I'm having trouble hearing you.

（私の声が聞こえますか？　私のほうはうまく聞こえないのですが）

＊Can you hear me?「私の声がちゃんと聞こえますか？」

▶ I'm having trouble seeing your screen. Can you make it bigger?

（スクリーンが見づらいのですが。もうちょっと大きくできますか？）

▶ Hold on. I'm having trouble sharing my screen.

（ちょっと待ってください。うまくスクリーンが共有できないんです）

＊hold on「（ちょっと）待つ」

＊share one's screen「スクリーンを共有する」

142 Aの調子がよくないんだ。

**I'm having trouble with A.／
I'm having a problem with A.**

"problem"は「問題点」です（可算名詞なので"a"が
ついています）。"trouble"は「災難／トラブル」です（こ
の意味では不可算名詞なので"a"がついていません）。
恒常的にトラブルがあるのであれば、

▶ I sometimes have trouble with my Wi-Fi router.
（Wi-Fiのルーターがときどき調子がよくないんだ）
  ＊Wi-Fi router「無線LANルーター」

のようにしますが、いま（だけ）調子が悪いのであれば、
"I'm having trouble[a problem] ..."と進行形にしま
す。

使ってみよう！

▶ I'm having trouble with my mic.
（マイクの調子がよくないんだ）
  ＊mic「マイク」（microphone「マイクロフォン」）

▶ A：The video was frozen.
（映像がフリーズしてしまいました）

  B：Sorry. I'm having a problem with my
camera.
（ごめんなさい。カメラの調子が悪いんです）
  ＊freeze A「Aをある場面で止める／Aをフリーズさせる」

143 ええと、どこまで話しましたっけ？

**Now, where were we? ／
Now, where was I?**

　会議中に電話がかかってきたり、リモート会議中に宅配便が来たりして中断してしまうことがあります。ふたたび取りかかろうとするのですが、どこまでやったのか、忘れてしまっている。そんなとき、「どこまで話しましたっけ？」とたずねます。"now"は「ええと」にあたり、次に述べることを考えながらつぶやく表現です。

使ってみよう！

▶ A : Sorry about the interruption. Now, where was I?

（中断させてしまい、失礼しました。ええと、どこまで話しましたっけ？）

B : You were telling us about maternity leave.

（出産休暇についての話をしておられました）

＊maternity leave「出産休暇／育児休暇／産休」

▶ A : Sorry about that. Now, where were we?

（ごめん。で、どこまでいったっけ？）

B : We were talking about paternity leave.

（父親の育児休暇についてです）

＊paternity leave「父親の育児休暇」

144 ……とだけ言わせてほしい。

Let me just say that ...／
Just let me say that ...

　どうしてもこれだけは伝えたい、とりあえずこれだけ
は述べておきたい、という場合の切り出し文句です。
　とっておきのフレーズをひとつ。自分の代わりに仕事
をやってくれた同僚に、

▶ Let me just say that I'd die without you.
　（あなたがいなかった死ぬわ、とだけ言わせて）
と冗談まじりに言うことがあります。

使ってみよう!

▶ Let me just say I think we're making a big
　mistake.
　（まずは、我々は重大なミスを犯しているとだけ言っ
　ておきたい）

▶ Let me just say I think we should take our time
　and think about it.
　（時間をかけてよく考えたほうがいいとだけ言わせて
　ください）
　＊take one's time and ...「時間をかけて……する」

▶ Just let me say that I don't think we'll find a
　better deal.
　（どうも私にはこれ以上の取引があるとは思えませんね）

145 きみならできる!
You've got this! ／ You got this!

　重要なプレゼンテーションを控え、不安がつのります。あなたは鏡の自分に向かって、

▶ You can do it!
（おまえならできる！）

▶ You'll be great!
（大丈夫だってば！）

と叫びます。これでもいいのですが、ネイティブはそんなとき、上に掲げた表現を口にして自分自身を鼓舞します。

　もちろん、緊張している同僚や仲間を励ますときにも使えます。肩に手をおいて、

▶ You've got this!

▶ You got this!

と声をかけてあげましょう。

使ってみよう!

▶ A : My big meeting is in 10 minutes.
（大切な会議まであと10分だ）

　B : Don't worry. You've got this, Matt!
（心配するなって。きみなら大丈夫だよ、マット！）

＊in 10 minutes「今から10分後」

146 うまくいったぞ！

That went well!

プレゼンテーションや会議で、思いどおりの成果をあげることができればうれしいものです。そんなとき、ネイティブは、

▶ **That went well!**

（うまくいったぞ！）

と声をあげます。思っていたよりもうまくいった場合は、"well" を比較級にして、

▶ **That went better than I expected.**

（思っていたよりもうまくいった）

と喜びます。逆に、まったくうまくいかなかったら、

▶ **That didn't go well at all.**

（ちっともうまくいかなかった）

とぼやきます。

使ってみよう！

▶ A：**That went well!**

（よし、うまくいった！）

B：**Yes, I think the boss liked our presentation.**

（そうね。このプレゼンなら、ボスも満足しただろうね）

＊go well「（ものごとが）うまく運ぶ」

第 9 章

「チームワーク」を意識する

147 ……のことは気にしないで。

Don't worry about ...

　ビジネスはただ数字と向き合うだけではありません。むろんのことに、人との関係も大事です。感謝や謝罪の言葉に対しては、「……のことは気にしないで」とか「……については心配しなくていいよ」と声をかけてあげましょう。

使ってみよう！

▶ **Don't worry about it.**
　（気にしないで）
　＊Don't worry about it.「（感謝や謝罪への返答として）気にしないで／どういたしまして」

▶ **Don't worry about that part. Just fill out section A.**
　（そこはやらなくいい。A欄だけを記入して）
　＊fill out（a form, an application, etc.）「（用紙や申し込みなどに）記入する」

▶ **A : I can stay late tonight and finish this.**
　　　（きょうは居残って、これを終わらせるよ）
　B : Don't worry about that. You can finish it tomorrow.
　　　（心配しないで。明日もあるじゃない）
　＊stay late「遅くまで残る」

148 大丈夫だよ。

That's OK. ／ That's all right.

　耳にしない日はないくらい、ネイティブはこの表現を
たいへんよく使います。ミスをしてしまった相手に、「大
丈夫だよ／いいからいいから」と気づかう言いまわしで
す。「そのことは気にしないで」というニュアンスです。

使ってみよう！

▶ A : I can't help you right now. Sorry.
　　　（今は手伝えない。ごめん）

　B : That's all right. I'll ask Josh if he can help
　　　us.
　　　（大丈夫。ジョシュに頼んでみるから）

＊ask A if ...「……かどうかAにたずねる」

▶ A : I'm sorry, but I can't go out with you guys
　　　on Friday. I'm pretty tied up this week.
　　　（ごめん。金曜はみんなと一緒に出かけられない。
　　　今週はびっしり予定が入っているんだ）

　B : That's OK. We'll do it again another time.
　　　（いいよ。また別の機会にね）

＊be tied up「忙しくて動きがとれない／手一杯である」
＊another time「別の機会に」

149 気にするな。

Forget（about）it.／
Don't worry about it.

謝罪に対してこのように応じれば、「気にするな／何でもないことです／もういいんだ」というニュアンスを伝えることができます。

なお、"Forget（about）it." の場合、"about" を入れるとやわらかい感じが漂います。

使ってみよう！

▶ A : Sorry I interrupted you in the meeting.
（会議中、お騒がせしてすみませんでした）

B : Forget about it. Everybody does that.
（気にするなよ。よくあることだ）

▶ A : I feel bad for asking you to work for me on Sunday.
（日曜勤務を代わりにお願いしてしまって申し訳ありませんでした）

B : Don't worry about it. You need to take a few days off once in a while.
（いいよ。たまには数日休みをとったほうがいい）

＊feel bad for ～ing「～したことを申し訳なく思う」
＊ask A to do「Aに～するように頼む」
＊once in a while「ときどき」

150 どうってことないよ。

(It's) No big deal. ／ No harm done.

　よく耳にする、くだけた表現です。ですが、この2つを使いこなしている日本人はごくわずかです。「どうってことないよ／大したことじゃない／大丈夫だよ／騒ぐほどのことじゃない」というニュアンスがあります。

　"big deal" は「重要なこと／大したこと」で、それを "no" で打ち消すことで「大したことではない」という意味を伝えることができます。"No harm done." の "harm" は「不都合／差し支え」で、「こうむる不都合はない」と述べているのです。

使ってみよう!

▶ A : Sorry. I didn't know it was a secret.
　　　（ごめん。内緒だってことを知らなかったの）

　B : It's no big deal.
　　　（騒ぐほどのことじゃない）

▶ A : I'm sorry! I accidentally spilled coffee.
　　　（ごめんなさい！　コーヒーをこぼしちゃった）

　B : It's OK. No harm done!
　　　（大丈夫。どうってことないよ！）

＊accidentally「うっかりと／誤って」
＊spill「（液体や粉を）こぼす」

151 しょうがないさ。

**You couldn't help it. /
It's not your fault.**

　「しょうがない／仕方ない／どうしようもないことだ」
と相手をなぐさめる表現です。

　"You couldn't help it." は「あなたはそれを避ける
ことができなかった」で、この "help" は「避ける／差
し控える」の意味で用いられています。

　"It's not your fault." の "fault" は「過失／（過失の）
責任」で、「あなたのせいではない」と言っているのです。

使ってみよう!

▶ A : I'm really sorry. I won't let it happen again.
　　　（ほんとうにすみません。もう二度としません）

　 B : It's OK. You couldn't help it.
　　　（大丈夫。しょうがないさ）

▶ A : I'm sorry. I think I broke the printer.
　　　（すみません。プリンターを壊しちゃったようです）

　 B : No, it's not your fault. Billy broke it
　　　 yesterday.
　　　（いや、きみのせいじゃない。ビリーがきのう壊
　　　 したんだ）

152 よくやってくれた!

(You did a) Good[Great / Nice] job! /
(You did) Nice[Good / Great] work!

　課題や任務をうまくやりこなした相手にかけるねぎらいの表現です。「よくやってくれた/よかったよ/よし、よかったよかった」にあたります。平板にボソボソとつぶやくのではなく、感情を込めて言うのがマナーです。

使ってみよう!

▶ Bob, you did a great job on that presentation!
（ボブ、あのプレゼン、すごくよかったよ！）

▶ A : We managed to solve the logistics problem.
（物流システムの問題をなんとか解決できました）

　B : Good job!
（上出来、上出来！）

＊manage to *do*「どうにか〜する」
＊logistics「物流（管理システム）／ロジスティクス」

▶ A : I fixed the bug in the program.
（プログラムの不具合を直しました）

　B : Nice work!
（よくやってくれた！）

＊bug「（コンピュータ・プログラムの）不具合／欠陥」

153 この調子でこれからもがんばって！
Keep up the good work! ／ Keep it up!

　「この調子でこれからもがんばって！／今後もいい仕事を続けてくださいね！」というニュアンスです。
　"keep up A／keep A up" は「Aを維持する」というイディオムで、代名詞 (it) を目的語にとる場合は "keep it up" とします。

使ってみよう！

▶ It looks like you're making good progress. Keep up the good work!
（ずいぶん仕事がはかどっているようね。その調子でがんばって！）
＊It looks like ...「……のように思われる」
＊make good progress「順調に進む／（仕事が）はかどる」

▶ A : We've gotten a lot done.
（だいぶ仕上がったね）
B : I see that. Keep it up!
（そうみたいだね。この調子でいこう！）
＊get A done「Aを終わらせる／Aを仕上げる」
＊I see that.「そうみたいね／そうだね」

154 がんばって。

Don't give up. ／(Just) Hang in there.

　「がんばって／あきらめないで／辛抱だ」にあたる励
ましの表現です。"give up"は「あきらめる」、"hang
in there"は「踏みとどまる／我慢する」というイディ
オムです。2つ続けて用いることもあります。

　また、"hang in there"は、後ろに"with me"をつ
ければ「一緒にがんばる／ともに辛抱する」というニュ
アンスを伝えることができます。

▶ It's gonna be worth it. So Just hang in there
with me.

（やる価値は十分あるわ。だから一緒にがんばりまし
ょう）

使ってみよう！

▶ I know it's tough, but hang in there. It'll get
easier.

（きついのはわかるけど、もうちょっとの辛抱だ。す
ぐにやさしくなるさ）

＊tough「つらい／きつい」

＊get easier「より簡単になる」

▶ Don't give up! Hang in there. I know you can
do it.

（あきらめないで！　がんばるんだ。きっとできるさ）

155 彼はすごいね!

Good for him!

相手を褒め称えるときは次のように言います。

▶ Good for you!(すごい!)

「すごい／よかったね／さすがだね」などと訳すことができます。しかし、「彼」や「彼女」を褒めるとなると、とたんにどう表現したらいいのか困ってしまうようです。そうしたときは、"you"のところを、"him"や"her"に替えさえすればいいのです。

使ってみよう!

▶ A : Brian got promoted to head of the department.

　　(ブライアンが部長に昇進したんだ)

　B : Good for him! He deserves it.

　　(さすがだね! 当然と言えば当然だよな)

*deserve A「A(を受ける)に値する」

▶ A : She got the position in London!

　　(彼女、ロンドンへ行くんだってさ!)

　B : Good for her! She's worked hard. She's earned it!

　　(すごいね、彼女! がんばったものなあ。努力のたまものだよ!)

*earn A「(努力の結果として)Aを得るに値する」

156 ……おめでとう!
Congratulations on ...!

　注意点を2つ。ひとつは、かならず"congratulations"と複数形にすること。もうひとつは、"Congratulations on ...!"のように、できるだけ祝福する内容を具体的に述べるということ。こうすることであなたの誠意が伝わります。

使ってみよう!

▶ **Congratulations on your promotion!**
（昇進、おめでとう）

▶ **Congratulations on the contract!**
（契約成立、おめでとう！）

▶ **Congratulations on a job well done!**
（おめでとう！　素晴らしいお仕事ぶりでした！）

▶ **Congratulations on reaching your goal!**
（目的達成、おめでとう！）

▶ **Congratulations on passing the real estate license exam!**
（宅建試験合格、おめでとう！）

＊real estate license exam「宅建の試験」

157 ……ありがとう。

Thanks for …／Thank you for …

感謝の対象を"for"に後続させます。ここでは、オフィスでよく用いられる必須フレーズをお見せしましょう。

使ってみよう！

▶ Thanks for the update.
(最新情報をありがとう)
*update「最新情報」

▶ Thanks for coming on such short notice.
(急なお願いですみません)
*on (such) short notice「急な通知で／急なお願いで」

▶ Thanks for waiting.
(お待たせいたしました)

▶ Thank you for your patience.
(お待たせしてごめんなさい)
*patience「辛抱／忍耐」(たとえば、会議中、同僚たちがあなたの発言をじっと待っています。みんなを待たせてしまったあなたは「お待たせしました」と切りだします)

▶ Thank you very much for all your help.
(いろいろとありがとうございました)

158 お礼の言葉もありません。

I can't thank you enough.

　親切や厚意に誠意のある謝意を示すことは円滑な人間関係を築くうえで欠かすことができません。日本語の「お礼の言葉もありません」や「なんとお礼を申し上げていいのやら」にあたる表現が"I can't thank you enough."です。直訳すれば、「十分に感謝することができない」になりますが、こう表現することで深い感謝の気持ちをあらわすことができます。

使ってみよう!

▶ Your donation made a big impact. I can't thank you enough.
　（義援金のおかげで大助かりでした。お礼の言葉もありません）
　＊made a big impact「大きな影響を与える」

▶ I can't thank you enough for all you've done.
　（至れり尽くせりのおもてなしに感謝の言葉もございません）

▶ Your help made all the difference. I can't thank you enough.
　（援助していただいたおかげで、取り巻く状況が一変いたしました。感謝の言葉もありません）
　＊make all the difference「（状況を）一変させる」

159 ありがとう。ほんとうに感謝しています。
Thank you very much. I appreciate it.

　ここでは、「ありがとう」の後ろに続ける"I appreciate it."というフレーズを覚えましょう。このひとことで誠意を伝えることができます。

　"appreciate"は「感謝する」という意味の他動詞で、通例、目的語に〈人〉ではなく、〈こと〉をおきます。

▶ I appreciate your help.

　（ご親切に感謝します）

　同じ「感謝する」でも、"thank"は〈人〉を目的語にします。

▶ You don't have to thank me.

　（お礼にはおよびません）

使ってみよう！

▶ Thank you very much. I appreciate your kindness.

　（ありがとうございました。ご親切に感謝します）

▶ Thank you for helping me out. I really appreciate it.

　（力になってくださりありがとうございました。ほんとうに感謝いたします）

＊help A out「（苦境から）抜け出させてやる」

160 ありがたく思っています。

I'm grateful.

心からの感謝の気持ちをあらわすときに用いられます。
しかし、以下のようにやってしまう人がいます。

（×）It is grateful...

これはいけません。"grateful"（感謝している）は
かならず〈人〉を主語にして用います。後ろに〈to 人
for こと〉を続けることもあります。

▶ I am very grateful to you for your suggestions.
（ご助言をいただき、たいへん感謝しています）

発音にも気をつけてください。grateful（ありがた
く思って／感謝して）は、〔グレートフル〕ではなく、〔グ
レイトファゥ〕のように発音します。

使ってみよう！

▶ We are grateful for your generous contribution
to our charity.
（私どもの慈善団体に寛大なる寄付をいただき、心よ
り感謝しております）

*generous contribution「寛大な寄付／多額の寄付金」

▶ We are grateful to everyone who helped make
this project a success.
（このプロジェクトを成功させる一助を担ったみなさ
んに感謝します）

161 とにかくありがとう。

Thanks anyway.

　お願いごとをしても、かならずしも希望どおりになるとは限りません。でも、相手は親切に対応してくれた。そんなとき、"Thanks anyway." とお礼の言葉を述べます。これが言えるかどうか。こうしたさりげない表現は、人物評価をくだすうえで重要なポイントとなります。

使ってみよう!

▶ A : Excuse me. Is the ABC Building near here?
（あのう、ABCビルディングはこの近くですか？）

　 B : Sorry, I'm from out of town.
（ごめんなさい。この近所の者ではないんです）

　 A : OK. Thanks anyway.
（そうですか。とにかくありがとう）

＊from out of town「ほかの町からきた」

▶ A : Could you give me a ride home?
（家まで送っていただけますか？）

　 B : I didn't drive today. Sorry.
（きょうは車じゃないんだ。ごめん）

　 A : That's OK. Thanks anyway.
（気にしないで。ありがとう）

＊give A a ride「Aを車に乗せる」

162 どういたしまして。〈1〉

**You're (very) welcome.／
(It's) My pleasure.**

　感謝に対する返答を覚えましょう。最も一般的なもの
は"You're (very) welcome."のほうです。

使ってみよう!

▶ A：Thank you for your hospitality.
　　（おもてなしいただきありがとう）

　　B：You're welcome.
　　（どういたしまして）

▶ A：Thank you for showing me around town.
　　（町をご案内していただきありがとう）

　　B：You're very welcome.
　　（どういたしまして）

＊show A around B「AをBに案内する」

▶ A：Thank you for offering to give me a tour
　　of the factory.
　　（工場見学をさせていただけるとのこと、感謝い
　　たします）

　　B：My pleasure! I look forward to it.
　　（こちらこそ！　楽しみにしております）

163 どういたしまして。〈2〉

**(It's) No problem. /
It's[It was] no trouble at all.**

　これも「どういたしまして」の意味で使うフレーズです。注意していただきたいのは、上の文は"No problem."のように短く言えるのに対し、下の表現は短縮形がないということです。

使ってみよう!

▶ A : Thanks for fixing my keyboard.
　　　（キーボードを直してくれてありがとう）

　 B : No problem.
　　　（どういたしまして）

▶ A : Thanks for agreeing to sub for me on Friday.
　　　（金曜日、私の代わりにやってくれるんだって。ありがとう）

　 B : It's no trouble.
　　　（どういたしまして）

＊sub(stitute) for A「Aの代わりをつとめる」

▶ A : Thanks for rearranging your schedule.
　　　（スケジュールを再調整してくれてありがとう）

　 B : It was no trouble at all.
　　　（どういたしまして）

164 お詫びいたします。

I apologize. ／ I do apologize.

Sorry. ／ I'm sorry. ／ I'm so sorry. ／ I'm really sorry. ／ I'm terribly sorry. のほかにも謝罪をあらわす表現はあります。なかでも上に掲げた2つはぜひ覚えておいてください。"ちょっと深刻な"ときに使います。

"I do apologize." の "do" は強調をあらわす助動詞です。また、後ろに〈for ＋こと〉を続けることもあります。

使ってみよう！

▶ **I apologize. It was my mistake.**
（お詫びします。私のミスでした）

▶ **It was my fault. I do apologize.**
（私のせいです。ほんとうにすみません）
*one's fault「～の責任／～のせい」

▶ **I apologize for the mix-up.**
（手違いがありましたことをお詫びいたします）
*mix-up[mixup]「ゴタゴタ／混乱／手違い」

▶ **I apologize for causing you so much trouble.**
（たいへんご迷惑をおかけしたことをお詫びいたします）

165 ごめん。

My bad.

日本で言うところの「ごめん／すまん／わりぃ」にあたる謝罪フレーズです。とてもカジュアルな表現なので、重大なミスをしたときには使わないようにしましょう。

また、上司や親しくない相手に対して使うと、「なれなれしいやつ」との印象を与えかねません。気心の知れている友人や仲のよい同僚に使うようにしましょう。

この表現は"It's[That's] my bad."の省略形で、"bad"はfault（過失）やmistake（ミス）の意味で用いています。"Sorry, my bad."の形で用いることもあります。

使ってみよう!

▶ A : You're late.

（遅刻だよ）

B : Oh, my bad. I thought we were meeting at 10:00.

（わりぃ。10時集合だと勘違いしてた）

▶ A : Somebody put the wrong ink in the printer.

（プリンターに違うインクが入ってる）

B : Sorry, my bad. I'll be more careful from now on.

（あ、ごめん。これからは気をつける）

166 うれしい！
I'm so happy! / Awesome! / Cool!

　英語の「うれしい」にはさまざまな表現があります。
とりわけこの３つはよく使う表現なので、ぜひ覚えて
ください。"Awesome!" は「もう最高！／すごい！」
の意味で、〔オースm〕と発音します。"Cool!" は満足
のゆく結果が得られたときや、予想以上に物事がうまく
運んだときなどに発する「いいねえ！／よし！」にあた
ります。

使ってみよう！

▶ A : Emi, I heard you got promoted.
　　　 Congratulations!
　　　（エミ、昇進したんだって。おめでとう）

　 B : Thank you. I'm so happy.
　　　（ありがとう。うれしいわ）

▶ Yay! I received a company award for
Salesperson of the Month. Isn't that awesome!
（やったあ！　今月、営業成績がトップで社内表彰を
受けたんだ。すごくない！）
＊a company award「社内表彰」

▶ Cool! Everything worked out perfectly.
（よし！　すべて完璧にいった）
＊work out perfectly「(事が) 完璧にすすむ」

167 ついてる！
Lucky me!

　予期しないいいことがあった場合、わたしたちは「つ
いてる！／ラッキー！」と声をあげます。しかし、ネイ
ティブスピーカーが"Lucky!"と言うことはありません。
そのようなとき、ネイティブは"Lucky me!"と言いま
す（よくないことがあったときも、皮肉っぽく"Lucky
me!"と言うことがあります）。

　また、「ついてるなあ！／うらやましなあ！」の意味で、
"me"のところをyou／him／herにして用いることも
あります。

使ってみよう！

▶ Oh, it's half price! Lucky me!
　（半額だ！　ラッキー！）

▶ A：I won a 2-night stay at the Ritz in Kyoto.
　　（京都のリッツに２泊当たったんだ）

　B：Lucky you!
　　（うらやましいなあ！）

　＊win「（賞品・賞金などを）獲得する」

▶ Kelly has next week off! Lucky her!
　（ケリーは来週ずっと休みなの。いいなあ！）

　＊have ... off「……を休みとして取る」

168 ああ、面倒くさい!

It's a pain. ／ What a pain!

　仕事をしていれば、面倒だと感じることが多々あります。そのようなとき、

▶ It's too much trouble.

　（面倒くさい）

とつぶやいてもいいのですが、ネイティブは、"pain"という単語を使って言いあらわそうとします。この"pain"は"a pain（in the neck）"のことで、「面倒なこと／うんざりさせるもの」の意味で用いられています。

使ってみよう!

▶ A : I think we've got to go all the way there to apologize to them.

　　（謝罪に出かけざるをえないだろうな）

　B : It's a pain.

　　（面倒だなあ）

＊go[come／drive] all the way there to ... 「わざわざそこへ……しに行く」

▶ A : We have to fold 500 pamphlets.

　　（500枚もパンフレットをたたむのよ）

　B : What a pain!

　　（ああ、面倒くさい）

＊fold「折りたたむ」

169 もう、がっかりだ。

That's a bummer.／What a bummer!

「がっかりだ」をdisappointed（失望して）を使って言いあらわそうとする人が多いのですが、"I am disappointed."はあらたまった場で用いるフレーズと言っていいでしょう。不愉快なことがあると、とっさにネイティブスピーカーは That's a bummer.（がっかりだ）／What a bummer!（ヘコむなあ！）などの声をあげます。"bummer"は「不愉快なこと／失望させるもの」という意味で、〔バマ〕と発音します。

使ってみよう！

▶ A：They say there's no room for price negotiation.
（価格交渉の余地はないって先方は言ってるよ）

B：That's a bummer.
（がっかりだ）

＊There's no room for A.「Aの余地はない」

▶ A：Their quote is not within our budget.
（むこうの見積もりはうちの予算内じゃないな）

B：What a bummer!
（ヘコむなあ、もう！）

＊quote「見積もり（額）」
＊be within our budget「うちの予算内に収まっている」

170 マジで！

Oh, my gosh! ／ Oh, my goodness!

次に掲げるフレーズを聞いたことがあるでしょう。

▶ Oh, my God!
（マジで！）

驚き・興奮・喜び・怒りなどをあらわすときの表現です。"God"はキリスト教における「神」のことですが、神の名をみだりに口にしてはならないという教えがあるため、ときに敬虔なクリスチャンを不快にさせることもあります。"God"を遠まわしに表現した"gosh"や"goodness"を使うことをお勧めします。

使ってみよう！

▶ A : Guess what?
（ちょっと聞いて！）

B : What? Oh, my gosh! Your proposal went through!
（何？　マジで！　企画が通ったんだね！）

＊go through「（企画が）通る」

▶ A : Listen, I have great news!
（あのね、いい知らせがあるんだ！）

B : Oh, my goodness! You got a contract!
（マジで！　契約を取ってきたのね！）

第 10 章

「ビジネスの心得」を先人に学ぶ

171 自分の勘を信じろ。

Trust your gut. ／ Trust your intuition.

　会社を働きやすい場にするためには、互いを励まし合う環境づくりをすることです。ときには「まわりの言うことを信じるな」（Don't believe what they say.）「自分自身を優先するんだ」（Make yourself a priority.）「自分の勘を信じろ」（Trust your gut.）などと同僚を励まさなくてはなりません。

使ってみよう！

▶ **A：I'm not sure what to do.**
　　（どうしたらいいものか、悩んでいるんです）

　B：You've got to trust your gut!
　　（自分の勘を信じるんだ）

＊gut「直感／本能」

▶ **A：I haven't decided if I should walk away from this deal.**
　　（この取引から手を引くかどうか、決められないでいるんだ）

　B：Trust your intuition. It is usually right.
　　（自分の直感を信じろ。往々にしてそっちのほうが正しいから）

＊walk away from A「Aから逃げる／Aにかかわるのを避ける」
＊intuition「直感」

172 備えあれば憂いなし。

The best defense is a good offense.

　ビジネスの世界では、つねに次の一手を考えなければなりません。そうしなければ、競争相手に出し抜かれてしまいます。そこで「攻」(offense) と「守」(defense) を使ってビジネスの要諦を言いあらわします。

　タフな状況を乗り切るには「攻め」と「守り」の姿勢をしっかり保持しなくてはなりません。「最善の防御とは攻撃である」は、日本語の「備えあれば憂いなし」にあたる表現と考えてよいでしょう。

　ビジネスにおける卓越した交渉人は、自分の論理と都合を一方的に押しつけようとする人ではなく、例外なくよい聞き手 (a good listener) であることを思い浮べるのもよいかもしれません。

使ってみよう!

▶ You have to be a good listener, okay? One of the best ways to persuade others is with your ears ——by listening to them. As they say, the best defense is a good offense.

（いいか、相手の話をよく聞けよ。人を説得する最善の方法のひとつは、耳を使うこと——つまり耳を傾けることだ。備えあれば憂いなしっていうやつだ）

*as they say,「（世間で）よく言うように」

173 状況がタフになると、タフな人間が道を切り拓く。

When the going gets tough, the tough get going.

　最初にアメリカに渡ってきた人たちは、多くのタフな（困難な）状況に、タフに（不屈の闘志で）立ち向かわなければなりませんでした。現代でもそれは変わるところがありません。タフでなければ困難は乗り越えられないという考えは、いまもアメリカ人の心に宿っています。

使ってみよう!

▶ A : Sales were down last month, so we have to redouble our efforts.

（先月は売り上げが落ち込んだのでね、ウチは倍の努力をしなくてはいけないんだ）

B : Things are tough all over. As they say, when the going gets tough, the tough get going.

（たいへんなのはどこも同じよ。状況がタフになると、タフな人間が道を切り拓くっていうじゃない。

＊the going「（進行）状況／事態」
＊the tough「（精神的に）タフな人たち」
＊get going「行動を起こす」

174 失敗することを恐れるよりも、何もしないことを恐れろ。

Don't be afraid to fail; be afraid of not trying.

ホンダの創業者・本田宗一郎の言葉です。

　まわりを見渡せば、誰もが成功を手にしようとして躍起になっています。しかし成功は、失敗があってはじめてつかむことができるものだということに多くの人は気づいていません。マイケル・ジョーダン（アメリカのバスケットボール選手）は、次のように述べています。

▸ **To learn to succeed, you must first learn to fail.**
（成功を学ぶためには、まず失敗を学ばねばならない）

使ってみよう！

▸ A：**I don't know if I should apply for that job overseas or not.**
（海外での仕事に挑戦してみるかどうか悩んでいるんだ）

B：**Don't be afraid to fail; be afraid of not trying.**
（失敗することを恐れるよりも、何もしないことを恐れろ）

＊apply for A「Aを申し込む／Aに応募する」
＊try「チャレンジする」

175 最善を願い、最悪に備えろ。

**Hope for the best,
and prepare for the worst.**

「ピンチはチャンスだ」(Tough times bring opportunity.) という考え方はアメリカ人好みです。自己啓発セミナーでは、モチベーショナル・スピーカーたちは「ピンチをチャンスに」(Turn adversity into opportunity.) と発奮をうながしています。とはいえ、困難の渦中にあるとき、人は消極的になりがちです。悲観するあまり、果敢な行動を起こそうとはしません。

「悲観主義者はあらゆる好機に困難を見いだす。楽観主義者はあらゆる困難に好機を見いだす」(The pessimist sees difficulty in every opportunity. The optimist sees opportunity in every difficulty.) と述べたのはウィンストン・チャーチルですが、多くの示唆に富む知恵ある言葉ですね。

使ってみよう!

▶ A：Could you tell us about your business strategy?

（御社の経営戦略をお聞かせください）

B：I'd say, "Hope for the best, but prepare for the worst."

（「最善を願い、最悪に備えろ」です）

176 既成概念にとらわれるな。

You need to think outside the box.

アップル社は、クレイジーな人たちがものごとを変え、人類の力をもっと前に押しすすめるのだと高らかに宣言しました。

▶ **Think different.**
（発想を変えるんだ）

これがそのときのスローガンです（1997年）。以後、「発想を変える」ことが企業を前進させる合言葉になりました。一般に、「発想を変える」や「ものごとを別の観点から考える」は、"think outside the box"（既成の枠にとらわれず考える）と言います。新しいことに挑戦するときはつねに肝に銘じておきたい言葉です。

使ってみよう！

▶ **You need to think outside the box if you want to be number one.**
（ナンバーワンになりたければ、既成概念にとらわれるな）

▶ **A：Why don't we advertise on social media?**
（SNSに広告をだしてみようよ）

B：Everyone does that. We need to think outside the box.
（みんなやってるよ。発想を変えなくちゃ）

177 変化しなければ生きていけない。

You have to change to survive.

「変革」が必要だと認識しなければ企業は変われないし、変わらなければ企業は存続できません。

▶ If you can't change your mind, you can't change anything.

（考え方を変えなければ、何も変わらない）

▶ You can't survive without adapting to change.

（変化に適応できなければ生きていけない）

＊adapt to A「Aに適応する／Aに順応する」

変革をみずからに課さない会社は自然淘汰の憂き目にあいます。ダーウィンが述べたように、自然淘汰とは強者生存ではなく、適者生存です。

使ってみよう！

▶ A：Sooner or later, that company is going out of business.

（遅かれ早かれ、あの会社はつぶれるよ）

B：That's sad. But you have to change to survive.

（悲しいけど、変化しなければ生きていけないってことだね）

＊go out of business「（会社が）つぶれる／倒産する」

＊change to survive「生き延びるために変わる」

178 努力に勝る天才なし。
Nothing beats hard work.

　発明家トマス・エジソンは「天才とは、1パーセントのひらめきと、99パーセントの努力である」(Genius is one percent inspiration and ninety-nine percent perspiration.) と述べました。inspiration（ひらめき）と perspiration（汗／努力）が韻を踏んでいて覚えやすく、世界中で知られる名言となっています。どうやら天才とは、量をこなせる人であり、その努力が苦にならない人であると定義してもよさそうです。むろんビジネスの世界でも「努力」は大いに奨励されます。それを、Nothing beats hard work.（努力に勝るものはない）と言います。

使ってみよう!

▶ **A : He's a born salesman. How can I compete with him?**
　（彼はセールスマンになるために生まれてきたようなやつだ。どうやって勝負したらいいかな？）

　B : Just work harder. Remember, nothing beats hard work!
　（努力することだ。努力に勝る天才はなしだ！）

179 あきらめたら最後だ。
You never fail until you stop trying.

「あきらめない限り失敗することはない」です。

▶ You only fail if you give up.
（あきらめたら、そこで終わりだ）

▶ The only way to fail is to quit trying.
（失敗とは挑戦をやめたときだ）

このようにいくつものバリエーションがあり、いかに英語圏の人たちがこの考えを支持しているかがわかります。とくにアメリカ人は「挑戦すること」（trying）が大好きです。

▶ Try and try again.
（何度でもやってみなさい）

▶ You can't blame a guy for trying.
（がんばっている人を責めたらだめ）

と、努力に価値をおき、それを称えようとします。

使ってみよう!

▶ A：I failed the bar exam.
（司法試験に落ちたんだ）

B：You can take it again. Remember, you never fail until you stop trying!
（また受けられるさ。あきらめたらそれで終わりだ）

180 やる価値のあるものは、上手にやってこそ価値がある。

Anything worth doing is worth doing well.

　たいへんよく耳にするフレーズのひとつです。「どうせやるんだったら、納得のゆくまでやることだ」とか、「やる以上はうまくやることだ」などと言いあらわすこともできます。あらゆることを完璧にこなすのは理想ですが、それはたいへんに難しいことです。ともすると、どれも中途半端になってしまう可能性があります。賢い人は、自分にとって何が重要であるかを見極め、やるべきことの優先順位をつけます。

使ってみよう!

▶ A：You really spent a long time preparing for the presentation.
　（入念にプレゼンの準備をしたわね）

　B：I wanted to it to be perfect. As they say, anything worth doing is worth doing well.
　（完璧にやりたかったんだ。「やる価値のあるものは、上手にやってこそ価値がある」って言うじゃないか）

＊spent a long time preparing for A「長い時間をかけてAの準備をする」

181 いいことをしたら、まわりまわって こちらの得になる。

The more you give, the more you get.

「情けは人のためならず」という成句を、「親切にするのはその人のためにならない」と誤解している人もいるようです。「情けは人のためならず」は、「その相手のためになるだけでなく、やがてはよい報いとなって自分に返ってくる」という意味で、英語ではThe ＋ 比較級〜, the ＋ 比較級...（〜すればするほど、ますます……で）の構文を使って、上のようにあらわします。といって、「情けは人のためならず」のような格言めいたニュアンスだけでなく、「顧客を優遇すれば、まわりまわってこちらの得になる」というビジネスの心得としてもよく用いられます。

使ってみよう！

▶ A : We're giving a free gift with every purchase over ¥1,000.

（1000円以上の買い物をしてくれた人には、もれなく無料ギフトを差し上げます）

B : Yes. You know what they say? The more you give, the more you get.

（いいねえ。よく言うだろ、いいことをしたら、まわりまわってこちらの得になるって）

182 両方いいとこ取りはできない。

You can't have your cake and eat it too.

　ケーキは食べればなくなってしまいます。食べ終えたあとでもケーキを持っていることはできません。このように「2つを同時に手に入れることはできない」、あるいは「虫がよすぎるぞ」と戒める場合にこのことわざを用います。

　「ケーキを持っていればそれを食べることができる」ので、"You can't eat your cake and have it too." のほうが論理的に正しいとして、こちらを好んで用いる人もいます。

使ってみよう!

▶ **A : I want to quit my job, but I want the money.**
　　（仕事は辞めたいんだけど、お金は欲しいね）

　B : You can't have your cake and eat it too.
　　（それは虫がよすぎるよ）

▶ **You want the best service and the lowest prices. You can't eat your cake and have it too.**
　　（最高のサービスと最低の価格を望んでも、両方を同時に得るのは無理です）

183 ただのランチなんてものはない。

There is no such thing as a free lunch.

　ビジネスの世界はたいへん厳しいものです。日々、生き馬の目を抜く熾烈な戦いがくりひろげられています。「だまされたほうが悪い」（It's your fault if you get fooled.）はもはや常識となりつつあります。

　「ただのランチなんてものはない」は、言い換えれば「ただほど高いものはない」ということです。何かしらの魂胆があり、それなりの見返りを期待してフリーランチ（無料の昼食）をふるまうのです。そのあたりをちゃんと見極めてつき合わないと、ビジネスの世界では罠にはまってしまうことがあります。

使ってみよう!

▶ A : That drug company representative offered our clinic free samples.
（あの製薬会社の外交員ね、うちのクリニックに無料の試供品をくれるって言うのよ）

　 B : They want us to recommend their products. Remember, there is no such thing as a free lunch.
（自社製品を奨めてほしいのさ。ただのランチなんてものはないってことをよく覚えておくことだ）

＊There is no such thing as A.「Aのようなものはない」

184 問題解決に力を注がない人は、問題の一部になる。

If you're not part of the solution, you're part of the problem.

　問題解決のための意見をなんら出さない人がいます。なかには、黙っていること自体を美徳としている人もいます。ビジネスの世界では、それは美徳ではなく、足手まといになる可能性があります。問題解決に向かっての意見を発信しなければ、その人自身が問題の一部になるというのはビジネス界での常識です。

　上のフレーズでは、"not"の部分を強く発音するようにしましょう。そうすることで、後ろの"you're part of ..."の部分との違いを際立たせることができます。

使ってみよう！

▶ A : We need everyone to work together on this.

　　（これに関しては、みんなで力を合わせようじゃないか）

　B : Right! If you're not part of the solution, you're part of the problem.

　　（そうよね！　問題解決に力を注がない人は、問題の一部になるわ）

＊work together on A「力を合わせてAに取り組む」

185 穏やかな態度で接したほうがうまくいく。

You catch more flies with honey than with vinegar.

　往々にしてビジネスの交渉では、強圧的な態度よりも、穏やかな態度で臨んだほうが相手に言うことを聞いてもらえます。

▶ You (can) catch more flies with honey (than with vinegar).

　英語にはこのような決まり文句があります。「（酢を用いるよりも）ハチミツを使うほうがハエをたくさん捕まえられる」というのです。人間関係においては、「不愉快な態度をあらわにするより、温和な態度をとったほうが良い結果が得られる」の意味で用いられます。

使ってみよう！

▶ A : That customer was so rude and you were so nice to him!
（あんな失礼な客にも、あなたは丁寧に接するのね）

　B : Well, I want him to keep shopping here. And like they say, you catch more flies with honey than with vinegar.
（そうね。常連客になってほしいのよ。不愉快な態度をとるより、穏やかに接したほうがいいって言うじゃない）

186 小さく始めよ。

Start small.

　会社の立ち上げに際して、はじめから大勝負にでると、あとで借金が膨らむなど、取り返しのつかないことになりかねません。

▶ Think big, start small.
　（志は大きく、スタートは小さく）

　これは何かに挑戦するときの合言葉です。じっさい、ある商品を市場に出すとき、小さく始めれば、ユーザーからフィードバックをもらいながら小刻みに改良していくことができます。つまり、それは結果的に「良い失敗」になって、勝ち筋を見極めることにもなるのです。

　"Start small." という教えはまた、個人のレベルにおいても有効です。壮大なる野望を掲げたとき、まずは目の前にある小さな目的地にたどりつくことから始めていけば、大きな目標との距離は徐々に縮んでいきます。また、何か問題が生じたときにも、小さいうちに処理してしまえば、大事に至らずに「軽傷」で済みます。

使ってみよう！

▶ A : It seems like an impossible goal.
　（達成できそうにない目標だね）

　B : Just start small.
　（だから、小さく始めるんだ）

187 タイミングがすべて。

Timing is everything.

　ビジネスはサーフィンに似たところがあります。自分本位でやってばかりいては、いつまでもサーフボードの上に立つことさえできません。風向きや波のうねりを読み、サーフボードが押されて動きだすまでじっと待つ。風と波のエネルギーを感じながらパドリングを続ける。そして、スタンディングが可能なタイミングをあわてずに見計らう。ビジネスもこれと同じで、好機をつかめるか否かは、タイミングしだいなのです。「○○がすべて」といいたいときは、"○○ is everything." と言います。

▶ **Money is everything to him.**
　（彼にとっては、お金がすべてなんだ）

使ってみよう!

▶ A : He started his business right before the economy started booming.
　（彼は、景気がよくなる直前にビジネスを始めたんだ）

　B : Lucky him! I guess it's true timing is everything.
　（ツイてたわね。タイミングがすべてというのは本当ね）

＊boom「（景気が）沸く」

188 時は金なり。

Time is money.

　時間はお金と同じように貴重です。だから無為に過ごすことなく、有効に活用しなくてはなりません。

　この格言は、アメリカ建国の父のひとりであるベンジャミン・フランクリンの言葉とされています。同じような意味をもつ言いまわしに次のようなものがあります。

▶ **Time is of the essence.**（時が肝要だ）

　これは「期限を守らなくてはならない」という意味で用いられます。契約書にこのフレーズがあったら、「期限厳守」の意味です。

使ってみよう!

▶ **A : Can we speed up the process? Time is money, you know.**
　（スピード・アップできるかい？　「時は金なり」だよ）

　B : I'll see what I can do.
　（やってみます）

＊speed up the process「仕事をスピードアップする／プロセスを早める」

＊I'll see what I can do.「(できるかどうかわからないけど、とにかく)やってみます」

189 できもしない仕事を引き受けるな。

Don't bite off more than you can chew.

人口に膾炙したことわざです。

原義は「噛みこなせる以上のものをかじり取るな」です。日本語にしたら、「背伸びするな」「身の丈にあったことをしろ」「守れない約束をするな」「無理するな」などの表現に言い換えることができます。

たくさんの仕事をかかえて四苦八苦している同僚に向かって、「できもしない仕事を引き受けるな」の意味でこのフレーズを投げかけることもあります。

使ってみよう!

▶ I know you are a good computer programmer but don't bite off more than you can chew.
（きみが優秀なコンピュータ・プログラマーだということは知っているけど、無理はするなよ）

▶ A：Are you staying late again tonight?
（今夜もまた遅くなるのかい？）

B：Yes, and tomorrow night.
（そうなんだ。明日の夜もだ）

A：I think you've bitten off more than you can chew.
（手に余ることを引き受けたんじゃないのかい）

ちくま新書
1735

そのまま仕事で使える英語表現189

2023年7月10日　第1刷発行

著者
キャサリン・A・クラフト

編訳者
里中哲彦
（さとなか・てつひこ）

発行者
喜入冬子

発行所
株式会社筑摩書房
東京都台東区蔵前 2-5-3　郵便番号 111-8755
電話番号 03-5687-2601（代表）

装幀者
間村俊一

印刷・製本
三松堂印刷 株式会社

ちくま新書

ちくま新書